星云大师

欢喜

处事秘笈

中华书局

图书在版编目（CIP）数据

欢喜：处事秘笈/星云大师著.—北京：中华书局，2014.11
（2015.6 重印）
（迷悟之间）
ISBN 978 - 7 - 101 - 10238 - 3

Ⅰ.欢… Ⅱ.星… Ⅲ.佛教 - 人生哲学 - 通俗读物
Ⅳ.B948 - 49

中国版本图书馆 CIP 数据核字（2014）第 141897 号

本书由上海大觉文化传播有限公司独家授权出版中文简体字版

书　　名　欢喜：处事秘笈
著　　者　星云大师
丛 书 名　迷悟之间
责任编辑　焦雅君
出版发行　中华书局
　　　　　（北京市丰台区太平桥西里 38 号　100073）
　　　　　http://www.zhbc.com.cn
　　　　　E-mail：zhbc@zhbc.com.cn
印　　刷　北京瑞古冠中印刷厂
版　　次　2014 年 11 月北京第 1 版
　　　　　2015 年 6 月北京第 2 次印刷
规　　格　开本/889×1194 毫米　1/32
　　　　　印张 7⅛　插页 7　字数 80 千字
印　　数　6001 - 9000 册
国际书号　ISBN 978 - 7 - 101 - 10238 - 3
定　　价　36.00 元

星云

迷悟一念之间

　　从二○○○年四月一日开始,我每日提供一篇"迷悟之间"的短文给《人间福报》,写了近四年,共一一二四篇。于二○○四年七月结集编成十二本书,由台湾的香海文化出版。

　　此套书截至目前发行量已近两百万册。曾持续被《亚洲周刊》、金石堂、诚品等书局列入畅销书排行榜,三十一位高中校长联合推荐,以及许多读书会以此书作为研读讨论的教材,不少学生也因看了《迷悟之间》而提升了写作能力等等。

　　由于此套书具有人间性和普遍性,深受海内外人士的喜爱,除了中文版,其他国家语言的版本有:英文、西班牙文、韩文、日文……全球各种译本的发行量突破了五十万册。尤其难得的是,大陆"百年老店"中华书局也要在二○一○年五月出版中文简体版,乐见此套书能在大陆发行。

　　曾有几位作家疑惑地问我:"每日一篇的专栏,要持续三四年,实非易事!你又云水行脚,法务倥偬,是怎么做到的呢?"

回顾这些年写《迷悟之间》的情形，确实，我一年到头在四处弘法，极少有完整的、特定的写作时间。有时利用会议或活动前的少许空当，完成一两篇；有时在跑香、行进间，思绪随着脚步不停地流动；长途旅行时，飞机舱、车厢里，更常是我思考、写作的好场所。

每天见报，是一种不可推卸的责任；读者的期待，则是不忍辜负的使命。虽然不见得如陆机的《文赋》所言："思风发于胸臆，言泉流于唇齿"，但因平时养成读书、思考的习惯，加上心中恒存对国家社会、宇宙人生、自然生命、生活现象、人事问题等等的留意与关怀，所以，写这些文章并不是太困难的事。倒是篇数写多了，想"题目"成了最让我费心的！因此，每当集会、闲谈时，我就请弟子们或学生们脑力激荡，提出各种题目。只要题目有了，我稍作思考，往往只要三五分钟，顶多二十分钟，就能完成一篇或讲理述事、或谈事论理的文章。

犹记当初为此专栏定名时，第一个想到的名称是"正邪之间"，继而一想，"正邪"二字，无论是文字或意涵，都嫌极端与偏颇，实在不符合佛教的中道精神，遂改为"迷悟之间"。我们一生当中，谁不曾迷？谁不曾悟？迷惑时，无明生起，烦恼痛苦；觉悟后，心开意解，欢喜自在。

其实，迷悟只在一念之间！一念迷，愁云惨雾；一念悟，慧日高悬。正如经云："烦恼即菩提，菩提即烦恼！"菠萝、葡萄的酸涩，经由阳光的照射、和风的吹拂，酸涩就可以成为甜蜜的滋味。所以，能把迷的酸涩，经过一些自我的省思、观照，当下就是悟的甜蜜了。

曾经有些读者因为看了《迷悟之间》而戒掉嚼槟榔、赌博、酗酒的坏习惯；也有人因读了《迷悟之间》而心性变柔软，能体贴他人，或改善家庭生活品质，甚至有人因而打消自杀的念头……凡此，都是令人欣慰的回响。

《六祖坛经》里写道："不悟，佛是众生；一念转悟，众生是佛。"迷与悟，常常只在一念之间！祈愿这一千余篇的短文，能轻轻点拨每个人本自具足的清净佛性，让阅读者皆能转迷为悟、转苦为乐、转凡为圣。

星云

二〇一〇年二月

于佛光山法堂

星云大师传略 ·············

　　星云大师,江苏江都人,一九二七年生,为禅门临济宗第四十八代传人。十二岁于宜兴大觉寺礼志开上人出家,一九四九年赴台,一九六七年开创佛光山,以弘扬"人间佛教"为宗风,树立"以文化弘扬佛法,以教育培养人才,以慈善福利社会,以共修净化人心"之宗旨,致力推动佛教文化、教育、慈善、弘法等事业。

　　在出家一甲子以上的岁月里,大师陆续于世界各地创建二百余所道场,并创办十八所美术馆、二十六所图书馆、四家出版社、十二所书局、五十余所中华学校、十六所佛教丛林学院,以及智光商工、普门高中、均头中小学等。此外,先后在美国、中国台湾、澳洲创办西来、佛光、南华及南天(筹办中)四所大学。二○○六年西来大学正式成为美国大学西区联盟(WASC)会员,为美国首座由华人创办并获得该项荣誉之大学。

　　一九七七年成立"佛光大藏经编修委员会",编纂《佛光大藏经》、《佛光大辞典》。一九九七年出版《中国佛教白话经典宝藏》,

一九九八年创立人间卫视,二〇〇〇年创办佛教第一份日报《人间福报》,二〇〇一年将发行二十余年的《普门》杂志转型为《普门学报》论文双月刊,同时成立"法藏文库",收录海峡两岸有关佛学的硕、博士论文及世界各地汉文论文,辑成《中国佛教学术论典》、《中国佛教文化论丛》各一百册等。

大师著作等身,总计二千万言,并翻译成英、日、西、葡等十余种文字,流通世界各地。于大陆出版的有《佛光菜根谭》、《释迦牟尼佛传》、《佛学教科书》、《往事百语》、《金刚经讲话》、《六祖坛经讲话》、《人间佛教系列》、《星云大师人生修炼丛书》、《另类的财富》等五十余种。

大师教化宏广,计有来自世界各地之出家弟子千余人,全球信众则达数百万之多;一生弘扬人间佛教,倡导"地球人"思想,对"欢喜与融和、同体与共生、尊重与包容、平等与和平、自然与生命、圆满与自在、公是公非、发心与发展、自觉与行佛"等理念多所发扬。一九九一年成立国际佛光会,被推为世界总会会长;于五大洲成立一百七十余个国家地区协会,成为全球华人最大的社团,实践"佛光普照三千界,法水长流五大洲"的理想。二〇〇三年通过联合国审查肯定,正式加入"联合国非政府组织"(NGO)。

大师自一九八九年访问大陆后,便一直心系祖国的统一。近年回宜兴复兴祖庭大觉寺,并捐建扬州鉴真图书馆、接受苏州寒山寺的赠钟,期能促进祖国统一,带动世界和平。

大师对佛教制度化、现代化、人间化、国际化的发展,可说厥功至伟!

目 录

欢喜与不欢喜

世间的事情，有我"欢喜"的，有我"不欢喜"的。有时候，好事，我不欢喜，我也不愿意去做；坏事，我欢喜的，我也可能不顾一切地要去做。

做人，不可以只讲"欢喜与不欢喜"。不欢喜的好事，应该做的就要去做；欢喜的坏事，不应该做的也不能硬是要做。

帮人忙，我欢喜，固然助人为快乐之本；我不欢喜，也应该勉强自己去帮助别人。做善事，我欢喜的善事固然要去做；我不欢喜的善事，也应该勉强自己去随喜赞助。

外敌来侵犯国家，你欢喜为国牺牲，固然马革裹尸，捐躯沙场；你不欢喜的话，你也是得尽国民的一份责任，为国尽心尽力。

发财，你欢喜，可是时运不济，你不能天天老是妄想发财；施舍给人，你不欢喜，你也不能因此"拔一毛而利天下，吾不为也"。因为这会失去你的声望、你的名誉，甚至你的朋友，所以你也得勉强地量力为之。

现在社会上流行一句话："只要我欢喜，有什么不可以？"这是一种很危险的思想！人家不欢喜、不合道德的，就是你欢喜，也不可以做。这句话应改为"我欢喜，别人也欢喜"！这就什么事都可以做了！

有的人热心社区服务，而你缺乏兴趣，但是因为你是社区里的一分子，你就不可以不欢喜而不爱护社区；帮助亲戚朋友，你不欢喜，你也得要尽心尽力，因为将来亲戚朋友也会帮助你。你欢喜吃喝玩乐，伤德败行，你就不能欢喜；不正当的朋友不可交，你也不能欢喜；甚至很多不当的习惯，例如烟酒、赌博等嗜好，你都不能欢喜。

凡是与人有利的、对人好的，你不欢喜，你也得欢喜，因为这个社会是共有的，由不得你个人"欢喜不欢喜"；凡是对别人无利、无益的，就算你欢喜，也不可以为之，因为你的"欢喜与不欢喜"，要受舆论来裁决。

"独乐乐不如众乐乐"，你可以欢喜！不顾众人乐，而重独乐乐，不可为也。人生在世，要让社会大众欢喜地接受你，你就得以别人的欢喜为欢喜、以别人的不欢喜为不欢喜，众意必然能规范我们个人的行为，因果也能裁定我们的行为。所以，"欢喜与不欢喜"，有所为、有所不为也，不能不慎之。

生命的密码

　　生命的密码，根据现在的科学家说，已经研究出来了，那就是"基因"！其实，生命的密码——基因的另一个名词——"业力"，佛陀早在两千五百年前，已经昭告人间了。如果生命的密码"基因"，只是说它像细胞，是一个单位的话，基因还不够解释生命，应该用"业力"来说，更为恰当。

　　业，是身口意的行为，有善业、恶业、无记业。"假使百千劫，所做业不亡"，只要是身口意所造的善恶业等，都会像计算机一样，在业的仓库里有了储存；"因缘会遇时，业报还自受"，等到善恶业的因缘成熟了，一切还得自作自受，这是因果业报不变的定律。

　　"业力"，实在是佛陀一个伟大的发现。人，从过去的生命延续到今生，从今生的生命可以延续到来世，主要就是"业力"像一条绳索，它把生生世世的"分段生死"都联系在一起，既不会散失，也不会缺少一点点。

"生命不死"，就是因为有"业"的关系，像春去秋来，像秋凉转为春暖。"一江春水向东流"，一切都是循环，都是轮回。"有为法"什么都可以毁坏，只有生命的密码，永远不坏，永远存在。

基因，只能说明个己生命体的因素，但佛教的业力，不但有个体的业，所谓"别业"，另外还有"共业"。例如，为什么有的人同生在一个家庭里？同生于一村，同生于一族？这都是"共业"。各方的人士同在一条船上，或同在一架飞机上失事了，有的人命丧黄泉，有的人大难不死，这就是"共业"中又有"别业"的不同。

所以，科学家们发现了生命的密码——基因，希望能再发展出生命共同体的基因——相互的关系。

生命的密码，由于基因的不同，于是发展出不同的生命体。我们的业力会现行，会有果报，所谓"现报"、"生报"、"后报"。"现报"就如种子，春耕秋收；"生报"就是今年播种，明年收成；"后报"则是今年播种，多年以后才能收成。所谓"不是不报"，只是"时辰未到"而已。

佛教的真理"因缘业报"，这是颠扑不破的真理，是必然、永恒、平等的真理；科学家"基因"的发现，只是更明确地解释了"业"的内容与功用，如此而已！

战争与和平

战争是残忍的，战争的破坏力造成国破家亡，人民流离失所、亡命伤身、妻离子散的悲剧，不胜枚举。所以，人人希望和平、祈求和平；世界和平，人民安居乐业，这是长久以来举世所共同追求的目标。

但是，世界上战争也是不可避免的残酷事实。战争有时肇因于强权侵略小国的领土，有时是因为种族歧视，有时则缘于政治利害，有时是为了伸张正义、维护公理，不得不采取"以战止战"的手段。

和平，是人性光明的表现；战争，虽然足以摧毁各项文化建设，但是战争也促进了人间的文明，有功有过，实难一言以蔽之。

世界的历史，可以说就是一本战争史。第一次、第二次世界大战之前，欧洲的各国互相残杀，甚至十字军东征，也都是死伤累累。近代亚洲的日俄战争、泰缅战争、中日战争，乃至中国从古以来，春秋战国的群雄并起，继而三国纷争、五胡之乱等，翻开中华五千年的历史，可以说都是一页页血泪染成的战争史。

因为历朝历代的战争太久、太多了，所以可怜的人民莫不殷殷盼望长治久安的世界和平早日实现。现在我们喊出"和平统一"的口号，实在是十二亿人民的福音。

两千年前的印度阿育王，和中国的秦始皇一样，南征北讨，所战皆捷。很多的小国在战败之后，称臣朝贡，虽然是四方顺服，但阿育王出巡各国，所到之处，经过列队欢迎的民众，从百姓的目光中，都可看出他们充满了仇恨。后来阿育王笃信佛法，实施仁政，改以佛法治国，以慈悲仁道化民，人民安居乐业，果然德风远播，广为人民爱戴尊崇。后来阿育王再一次巡视全国，夹道欢迎的百姓，一个个心悦诚服地高呼万岁，欢欣鼓舞，这时阿育王才深深地感叹说："法，可以战胜一切；唯有法的胜利，才是真正的胜利。"

美国华盛顿曾说："和平是大家所共同向往的，但是绝非丧失尊严的苟安，而是人人必须在平等的原则下，共存共荣。"此即是佛法所谓平等的精神、无我的雅量。

唯有无私无我，自然可以战胜自私的欲望，也才能真正达到自由、民主、和平的大同世界。

认识自己

　　人，有两个眼睛，可以看世间、看万物、看他人，就是看不到自己。

　　人，有一个分别的心识，他可以认识别人、认识事物、认识世界，就是不能认识自己。

　　人，看得到别人的过失，看不到自己的缺点；看得到别人的贪欲，看不到自己的吝啬；看得到别人的邪见，看不到自己的愚痴。

　　人，可以认识世界、认识历史、认识社会、认识亲戚朋友，就是不能认识自己。

　　人，如果揽镜自照，在镜子里可以看到自己的五官脸孔，看得到自己的俊美丑陋，却看不到自己的内心。如果有一面镜子，能够照见自己的内心，可能心里的贪瞋嫉妒、自私仇怨，必然是难看到了极点！

　　人，有慈悲的人，有作恶的人，你自认自己是哪一种人呢？

人，有喜舍的人，有贪取的人，你觉得自己是哪一种人呢？人，有的能包容别人，有的只能被人包容，你认为自己是哪一种人呢？人，有舍己为人的人，也有损人利己的人，你自己又是属于哪一种人呢？

人，要有礼义廉耻；人，要有信义和平；人，要有忠孝仁爱；人，要有慈悲喜舍，你都考察过自己了吗？你都认识自己是否拥有这许多做人的条件了吗？

一个人要培养承担重任的力量，首先要从自我认识、自我训练做起，尤其不必讳言或逃避自己的短处缺点，能够勇于面对自己的缺点，才能进步得快，才能自我成长。

在佛门里，经常被大家提起的一句话就是"认识自己的本来面目"，我们真能确实认识自己的本来面目吗？

多少人每天忙于计较别人的得失成败，指责别人的无德无学，却忘了关心一下自己的起心动念。人，对于自己的理想、自己的责任、自己的使命，如果不能认识而庸碌一生，一事无成，岂不可惜！

世间最大的悲哀就是不能认识自己，一个不能认识自己的人，往往昧于事实，昧于良知，因而障碍了自己的法身慧命。

学佛，就是要开发自己的真心，摘下自己的面具，诚恳地剖析自己、认识自己。认识自己，是生命的一大课题，岂可轻而忽之！

过现未来

人生，有过去，有现在，有未来。广义的过去，无量"阿僧祇劫"；广义的未来，还是无量无数的"阿僧祇劫"；广义的现在，从生到死。

广义的过去，我不知道那个时候的生生死死、所作所为，我只能"以古知今"；广义的未来，祸福好坏，我现在无从得知，我也只有从"鉴古"而知"未来"。

我现世的生命，也有过去、现在、未来。今日以前，就是我的"过去"；今日以后，就是我的"未来"。想到我今日以前，父母养我，老师教我，社会大众给我的因缘，我一直在别人的恩惠中成长。虽然有时我也会想要如何回馈，然而对于过去养我、教我、育我的群体大众，因为我的自私执着，没有真诚恳切地去关怀他们，所以现在只有对过去深深地忏悔。

从"现在"看我的"未来"，虽然对未来的一切茫然无知，但我当然也是希望在未来的田园里，能广播五彩缤纷的花果种子，让我的生活不虞匮乏；在未来的田地上，我广植福田的禾苗，能够五谷丰收，使我的生活不致短缺。只是，我现在的福德资粮不够，没有力量在"八福田中"适时地播种。所以，由此看来，"过去"正影响着我的"现在"；"过去"的已无法奈何，"未来"我现在还可以补救，所以不得不掌握"现在"，预备"未来"。

如何预备"未来"呢？

第一，从现在开始，我要奉行不乱杀生、不乱偷盗、不乱邪淫，做好我身体的修行。

第二，从现在开始，我不再恶口骂人、我不再两舌挑拨、我不再绮语巧言、我不再妄语说谎，做好我口舌的修行。

第三，从现在开始，我不贪欲而喜舍、我不瞋恨而慈悲、我不邪见而明理，做好我心意的修行。

所谓"欲知前世因，今生受者是；欲知来世果；今生做者是"。只要我从现在开始"随缘消旧业，切莫造新殃"；只要我"现在"好好地努力耕耘、播撒善美的种子，还怕"未来"没有好的收成吗？

承受教诲

　　中国古老的社会，人们之间的关系，比起现在文明的社会，要有"人和"多了！因为当初人与人之间，有一套应对的语言，彼此不容易斗嘴、吵架。例如，见到面了，他就问：尊姓、大名、贵庚、仙乡、尊翁、令堂、贵干、劳驾、多承教诲、多蒙赐教等，大家因为都是"以礼相对"，所以即使想要争执、斗嘴，也不容易啊！

　　在今日的丛林寺院里，来自于十方的衲子，也有一套丛林的用语，能使大家"口和无诤"地和平相处。例如：上下、法号、大名、令师、贵常住、礼座、接驾、法驾、告假、请开示、惭愧、晚学、大德、学人、不敢打扰、慈悲开示、慈悲原谅、您好威仪、您真亲切、您很发心等，尽管大家来自不同的地方，各有不同的性格，但是有了一套礼貌性的语言，彼此也就不容易起计较、不容易有争执了。

现代社会的青少年，之所以经常一言不合就相互争执，甚至大打出手，问题就在于没有一套"承受教诲"的语言。例如现在彼此见面了，都是：你叫什么名字？你住在哪里？你算老几？你干什么的？不可以动！你怎么这样说话……；因为都是质问的话多，因此一开始就针锋相对、唇枪舌剑，当然后面的谈话就可想而知了。

"承受教诲"，就是美好的语言，就是无诤的内容，就是和谐的开始。

在家庭里，和父母经常都说：承蒙爸爸、妈妈给我的教诲；在学校里：承蒙校长、老师的教诲；在社会上：承蒙长者、长官的教诲，多承朋友、同学、乡亲给我的教诲等等。因为你谦虚、你语言的客气，有时即使本来是应该要教训你的话，对方也会因为你的谦虚，反而多加赞美你了。

一个人，学习讲话，先要学习无诤的语言。例如：请、对不起、谢谢你、非常抱歉、非常惭愧、打扰你了、叨扰你了、感谢提拔、感谢给我学习的机会、我能为您服务什么吗？甚至在日常生活中，客来了：欢迎欢迎；客去了：请再光临；请吃饭：承蒙赏光；喝茶：请用；乃至初次见面：久仰大名、幸会幸会、多承关注、请多指教、岂敢岂敢、不吝指教等等。如果大家能够经常把这些客气、尊重的话语挂在嘴边，人们之间必然会泯去许多无谓的计较，必然会消除许多烦人的纠葛。

所谓"一言以兴邦，一言以丧邦"。一句好话，能缩短人我之间的距离；一句好话，能解决人我之间的纷争，我们"何乐而不说"呢？

人生无量寿

有一个富翁过六十岁生日，请良宽禅师为他诵经祈寿。禅师问："你要求多少岁寿呢？"信徒想了一想，说："再求二十年吧！"禅师说："你已经六十岁了，再过二十年，才八十岁而已，太少了吧！""难道可以再增加吗？那就一百岁吧"！良宽禅师说："一百岁也只是增加四十年，也是很快就会过去的！""难道可以求一百二十岁吗"？"一百二十岁，也只不过是增加六十年，你已经有六十岁了，再增加六十年，也没有什么了不起"！富翁问："那怎么办呢？"良宽禅师说："那就求'无量寿'啊！"

生命是不死的！人的躯体有生灭，真正的生命是不死的！我们每个人都有一个不死的生命，那就是我们的真如自性！

平时也经常听到有人说"祝你长命百岁"，甚至说"愿你活到一百二十岁"。

活到一百二十岁真的好吗？活到一百二十岁，你一百岁的儿子死了，八十岁的孙子也先你而去，所谓"白发人送黑发人"，你情何以堪？活到一百二十岁，吃不动，走不动，看不到，听不清楚，有何乐趣可言？

有人说："人生七十古来稀。"也有人说："人生七十才开始。"生命没有"古来稀"，也没有"刚开始"；生命是"无始无终"的。

一个年轻人问一个白发苍苍的老者几岁？老者回答："四岁！"青年认为老者信口胡诌，是在跟他开玩笑。老者说："实在是因为我过去的日子都是盲目的生活，直到这四年来我才知道，原来人生的意义是在于服务奉献、为人利众。因为只有这四年的生命才真正活得有意义，所以我说只有四岁！"

人的生命，这一期过了，还有下一期，甚至有无限期的生命；正如花果萎谢了，只要留下种子，就会有第二期的生命、第三期的生命，乃至无量无限期的生命。

人的躯体是有为法，是有生有灭的；但是生命、心灵是无为法，可以无量寿。

"无量寿"是阿弥陀佛的名号。阿弥陀佛不但"无量寿"，又叫"无量光"。无量寿是超越了时间，无量光是超越了空间。

如果我们能把我们的精神、智慧、贡献，都流入到无限的时空中，我们不就是"无量寿"了吗？

读书的乐趣

"春日不是读书天，夏日炎炎正好眠。秋有蚊虫冬有雪，收拾书包好过年"。这是没有体会出读书乐趣的人最佳的写照。

读书虽可神游古今，乐趣无穷，但是世间确实有不少人不懂得享受读书的乐趣。例如：

一、官高权大、春风得意的人，他不容易体会读书的乐趣。

二、富贵荣华、耽于吃喝玩乐的人，哪有闲情读书？

三、俊男美女，以亮丽的外表吸引人，他哪里注意内涵？所以不想读书。

四、声音大的人，也不喜欢读书。

五、没有读书的同好，或者为生活忙碌的人；尤其好狡辩的人，一派歪理，强词执着，不肯吸收正常的知识，这些人都难以体会读书的乐趣。

一般人求学的心态，大抵可以分为三个阶段：小学生读书，只是为了应付考试；中学生读书，大都是为了通过联考的关卡；大学生读书，只为了不想被教授"当"掉。世间唯有知道读书乐趣的人，才肯每日与书为伍，体会"书中自有黄金屋，书中自有颜如玉"的哲理。

读书的趣味乐无穷！有的人读地理名胜，可以遨游天下；有的人读历史典故，可以和古人接心神交。有的人爱好文学，春花秋月，情境义理，妙味无穷；有的人喜欢理工，一个细胞，一粒分子，他也可以从中找出另外的一番天地。

读书，书中所表达的思想、智慧、感情、经验，可能是别人毕生的体验，而我们在短短的时间内，不劳而获，岂不是无限的快乐吗？如果不肯读书，无异放弃了世界上最可贵的财富。

一个人如果不能不断地读书，吸收新知识，好比存在银行的存款，只有支出，没有收入，势必收支不平衡，将会形成严重的亏空状态，等到资本耗尽，人生也就停摆了。

古云："活到老，学到老。"从古至今，多少的伟人莫不是经由读书而踏上成功之路？悬梁刺股的苏秦、凿壁偷光的匡衡、藏火苦读的祖莹、广涉书海的曹雪芹、自学成才的王云五，他们锲而不舍的求学精神，在在皆为后人树立了良好的楷模。我们何不起而效法，一起来体会读书的乐趣呢！

选对象的缺点

　　一般人结婚找对象，因为另一半是要相伴终生，所以都要选优点，不要缺点。交朋友，也是要选优点，不要缺点。我们选学校，一样要选名校，不要选三流的学校；我们选职业，也是要选待遇好、比较清闲的工作，不要选待遇差而忙碌的工作。

　　其实，只选优点的不一定是好，缺点也不一定不好。以娶妻来说，晋朝的许允，经媒妁之言娶得一房妻子。当洞房之夜，初见新妇，一看面容丑陋，甚为不悦，乃问妻曰："女子应有四德，所谓妇德、妇容、妇言、妇工，请问你有几德？"

　　新妇曰："四德之中，我具备三德，唯少妇容而已！"

　　许允不悦，新妇反问他："君子有百行，你具备几行？"

　　许允说："我百行皆备。"

　　新妇讥嘲道："君子百行，以德为先；你今日见我，好色比好德过之，竟然还说百行具备。"

　　许允听了新妇的当头棒喝，自觉羞惭，后来二人恩爱有加，白头偕老。

选择优点的，固然人人说好；缺点能有改进的机会，可能缺点也是优点，所谓"危机就是转机"，不是很明白地昭告我们了吗？

商场上，公司倒闭了；但是如果商品为市场所需要，只要加以改进经营不善的缺点，仍大有可为。一件事，尽管缺陷很多，如果遇到有为之人，加以改进，更容易建功立业。诸葛孔明"受任于败军之际，奉命于危难之间"，不是反而成就了鼎立局势的功业吗？

现在有一些开明的工商企业团体，喜欢任用残障人士，因为残障人士知己缺陷，所以对工作更加专心专志、求好求全；如此一来，缺点不是反而成为优点了吗？

世间，个人有个人的缺点，团体有团体的缺点，社会有社会的缺点，甚至国家有国家的缺点，天下没有人和事是没有缺点的，废物都可以利用，缺点有什么不能改进的呢？

如果一个人懒惰懈怠是他的缺点，你给他鼓励，让他知道奋发有为的结果，则原本是缺点的，还是可以成为优点。

菠萝、柿子尚未成熟之前，酸涩无比，经过阳光和风的吹拂，它也会变得甜美可口。所以我们选优点，但不要太过排斥缺点，因为缺点也是可以改正的呀！

人生的高速公路

很多人都走过高速公路，知道高速公路行车快速、安全，但很少人知道，高速公路上有很多的常识。例如：北上和南下道路中间的"安全岛"上，种了各式各样的花树，称为"分向绿地"；在路的两边，都设有"护栏"，以及"路树"、"路障"、"路灯"等设备。在同方向的路面上，二线、三线、四线道之间有"路眼"，另有"路肩"、"战备车道"、"天桥"、"消音板"、"超速照相监视器"、"电话站"、"电子看板"，以及"收费站"、"交流道"、"休息站"等。尤其沿途还有很多的"标志"，诸如：路名、地名、公里数，以及限速标志等各种驾驶人应遵守的交通规则。

人生，就像一条高速公路，你行驶在高速公路上，跟不同方向的人彼此之间要有"分向绿地"，以策安全；你要遵守标志指示的路规，还要小心地上的"路眼"，这就是告诉你，你应该走的道路是什么？尤其不可侵犯别人的"地界"；你还必须防备

"超速照相机"，如果你超速、违规，就会留下纪录。

此外，"战备车道"不可通行，"路肩"不可行驶；当休息时，也有"休息站"给你停靠、加油。如果你不依循安全规则，恣意违规，正如一个人不守法，一旦发生危险，可能后果就会更加严重。

高速公路上，保持距离尤其重要，当快则快，当慢则慢，就好像人生，何事优先？何事缓慢？都应该有个标准。

经常行走高速公路的人，防备高速公路上的警车，都有特殊的经验。例如"遇弯莫快车，逢桥须慢行；战备车道旁，两边有警车"。

总之，懂得高速公路上的行车规则，就等于懂得人生的前途何去何从一样的重要。

我们在世间的人生高速公路上，当知：道德是人生的高速公路，法律是人生的高速公路，义理是人生的高速公路，良知是人生的高速公路；谦虚礼让是路边的风光，因果报应是前进的规则，稳住方向盘是驾驶的要领，安全回家是唯一的目标。

我们珍惜人生，就应该小心谨慎地行驶人生的高速公路！

将心比心

　　人与人之间的关系，最重要的不是共享荣华富贵，不是同一思想同志，而是人与人之间要有一颗"将心比心"的互相体谅之心。

　　夫妻结婚之后，朝夕相处，如果不能"将心比心"、相互体谅，如何维持亲爱？父母子女居家，老少代沟，不靠"将心比心"、相互体谅，怎么能安居乐业？社会上，士农工商、军人公教、政客庶民，不能"将心比心"，怎么能和谐相处？所以，人与人之间有了"将心比心"，有了彼此体谅，就能相互包容，就能相互尊重，就能相互爱惜；如此，体谅不是比荣华富贵、不是比思想同志更加美好吗？

　　在一个畜栏里，养了猪仔、绵羊、乳牛。有一天，饲主打开畜栏，捉住了猪仔，猪仔奋力抵抗，大声叫喊。一旁的绵羊、乳牛听了很厌恶地斥责道："主人也常常来捉我们，我们也没有

满口的好话，满手的好事，
满面的微笑，满心的欢喜。

喜欢的事情固然要去做，但也应该有所节制；不喜欢的事情，如果对他人有益，一样要发心去做。

大呼小叫，我们都是柔顺地服从主人，今天才捉你一次，为什么就那么抗拒、嚎叫呢？"

猪仔听了以后回答道："牛羊呀，主人捉我和捉你们是完全不同的两回事呢！他捉你们，只是要你们的羊毛和乳汁，可是捉我，却是要我的命呀！"

由于立场不同，情况不同，所处的环境不同，不同的人很难了解对方的感受，所以人们之间的相处，不能"将心比心"，没有体谅的关怀，则人间不会和乐！

一个猎人，每日捕杀野兽，箭射刀杀，网捕矛刺，乐此不疲。后来有一天，他被山民所捉，火烧祭神，这时他才感受到面临死亡的觳觫，才体会到死亡来临的痛苦。

所以，我们对别人的失意、挫折、苦难、伤痛，不但不能漠不关心，尤其不能有"幸灾乐祸"的心。所谓"眼看他人死，我心急如焚。不是伤他人，看看轮到我"。我们应该要能"将心比心"，要有体谅别人的心，这才是人间的修行。

有的子女年轻时不知道要孝顺父母，及至自己做了父母，才感觉到需要儿女的孝顺。所谓"不经一事，不长一智"；人不要凡事要到最后才懊悔不及，应该在平时就要"将心比心"地为别人设想。我们怕家禽饥饿，要喂它饮食；我们怕花草干枯，要给予浇水；我们对于动植物都能有此体谅的心，为什么对于同胞、家人、朋友，不能"将心比心"给予体谅呢？

　　"将心比心"就是佛心，体谅的心就是佛心。佛心，就是慈悲，就是道德，就是善美。所谓"即心即佛，即佛即心"，不亦宜乎！

金钱不是万能

　　一个人千辛万苦地聚集了许多财富，当老病死亡来临的时候，他望着仓库里的金银财宝，慨叹地说：金钱财宝呀！现在你们能帮助我不死吗？所以，金钱可以买到很多的妻妾奴隶，但是不能买到身体不死。

　　也有人说：

　　金钱可以买到化妆用品，但是买不到高贵气质；
　　金钱可以买到美丽衣衫，但是买不到身形庄严；
　　金钱可以买到珍馐美味，但是买不到食欲健康；
　　金钱可以买到宽广大床，但是买不到甜美睡眠；
　　金钱可以买到高楼大厦，但是买不到崇高道德；
　　金钱可以买到书报杂志，但是买不到聪明知识；
　　金钱可以买到器皿家具，但是买不到欢喜满足；
　　金钱可以买到酒肉朋友，但是买不到患难知交；

金钱可以买到多数选票，但是买不到真正人心；

金钱可以买到公司银行，但是买不到般若智慧；

金钱可以买到人呼万岁，但是买不到合掌尊敬；

金钱可以买到高官厚爵，但是买不到成圣成贤。

我们看到多少富商巨贾，家财万贯，一旦撒手离世的时候，留下多少金钱造孽，甚至留给儿孙争财阋墙。多少人为了金钱诉讼司法，多少人为了金钱反目成仇，所以金钱究竟是好呢？是坏呢？当然，金钱用之善处，可以成为净财；用在非法，反而成为业障。所谓"法非善恶，善恶是法"，金钱本来并无所谓好坏，但我们接触运用得当与否，就有建功与造罪之别了！

其实，世间不应该只贪图个人的财富，应该要创造共有的财富；天地日月、大地山河，都是我们共有的财富。为什么我们不能学习日月天地，给予人间分享我们的财富呢？

金钱之外，慈悲是我们的财富，般若是我们的财富，惭愧是我们的财富，感恩是我们的财富，信仰是我们的财富，道德是我们的财富。我们能把有形的财富和无形的财富，都能与人分享，那么不管内财也好、外财也好，不论私财也好、公财也好，所有的财富就都能融合地共同运用了！

历史的镜子

    战国时代魏武侯主政的时候，有一天他很自豪地夸耀说："魏国的江山不但美丽，而且有高山峻岭为屏障，有江河险要为防备，国防非常的坚固。"但是有一大臣谏曰："国家坚固与否，在于国君的德行，不在于山河的险要。例如，国君如果不修德，即使朝廷左右，也都是自己的敌人。"我们证之于历史，上古的三苗，左面有洞庭湖的美景，右边有鄱阳湖的浩瀚，可是不修身养德，大禹不就把三苗灭了吗？大禹的子孙夏桀，他的国土左有黄河、济河二水，右有泰山、华山二岭，伊阙在南，羊肠坂道在北，但他不仁不义，终被商汤放逐。殷纣时，纣王的国家，左有孟门山，右有太行山，北有恒山，南有黄河，可以说山川险峻，但由于不得人心，伤德败行，终为武王所杀。

    历史上的人物，他们的成败，就是我们的一面镜子。历史可以鉴往知来；往事不鉴，来事可悲。我们打开历史，殷鉴不远，都是我们记取的借鉴。

曹操世称枭雄，但是他善用人才，甚至"化仇为亲"，他把袁绍的重臣陈琳引为己用。反观袁绍器量狭窄，妒贤害能，不但不接受田丰的劝谏，反在兵败后怒而杀害之。所以，历史上的人物，器量大小，可以决定自己一生的成败，甚至影响国家民族的命运。

刘玄德大智若愚，善于韬光养晦，他在人前不急于表现，而且礼贤下士，故能从无到有；而杨修恃才傲物，锋芒太露，最后终被曹操杀害。

朱元璋曾说，汉武帝用张汤而政事衰；汉光武褒卓茂而王业盛。甚至他还知道唐太宗用房玄龄、杜如晦，则致斗米三钱、夜不闭户的太平盛世；唐玄宗用杨国忠、李林甫，则致安史之乱，几乎亡国。但是朱元璋自己并未记取历史的教训，他不传贤、不传能，致使明初子孙争权夺利，而致天下大乱，可以说为后世留下了一面足堪引以为戒的镜子。

我们从历史上看，许多一时不得志的贤人，例如汤被囚于夏台，文王被困羑里；齐桓公奔逃于莒，晋文公亡命于翟，但由于他们能坚此百忍，不变志节，故能成就王业。而一些不忠不义之人，心性残忍，作恶多端，我们看："请君入瓮"的来俊臣，不就是历史的一面镜子吗？商鞅变法，太过严苛，最后"作法自毙"，这不就是历史的镜子吗？"螳螂捕蝉，黄雀在后"，为什么后人不以这样的历史为殷鉴呢?"鹬蚌相争,渔翁得利",为什么今人不以这许多典故为借镜呢?

历史的镜子,随时打开,殷鉴历历,岂能无惧乎!

学会处众

　　世间要学会的东西很多，学会处理家务，学会生活技能，学会各种语言等，尤其要学会"处众"。

　　人是社会的动物，不能离群而独居。如果你不懂得群居，不懂得处众，就很难在社会上生存、立足。

　　"众"，是由很多的不同所结合在一起。众人里面，有种种的差异，例如有性格的不同、有语言的不同、有生活习惯的不同、有各种文化背景的不同，因为有很多的不同，所以"处众"就不那么容易了。

　　即以一个家庭而言，有年龄的差距、有性别的不同、有思想观念的各异，所以要"一个鼻孔出气"，也不是那么容易的。

　　一个机关里，有的人比较乐观，有的人比较悲观；有的人积极进取，有的人消极懈怠；有的人瞋心脾气大，有的人温和不乱发脾气；有的人悭吝贪取，有的人喜好公益。在很多的不同里面，我们要如何来处众呢？

处众的第一个观念，要建立平等心。因为社会上有许多的智愚贤不肖人等，如果我没有平等心，就会被人认为我很势利；太过于分别，最后就会失去了人缘。

花园里，尽管开放的花朵有黄色、有红色、有紫色、有白色、有蓝色等五颜六色的不同，但是在我看来，一样都是花。因为都是花，所以要共同平等地存在，这不是很好吗？

处众的第二个观念，要有慈悲心。因为社会上的大众，不一定人人都能合乎我的心、合乎我的意，甚至有很多还会违逆我的想法；如果我计较、讨厌、排斥，那么到了最后，不是你舍弃别人，而是别人舍弃你啊！

处众的第三点，要注意随和心。社会上的人，如果你希望人人都能如我、同我，这是不可能的，只有用我去随和他们；只要不是邪道，我都应该有一个随喜随缘的心。现在的人常讲团结，但都是要别人来同我团结，而没有想到我要去跟别人团结。随和也是一样，不是我要人家来随和我，而是我要去随和别人。

学习处众的第四点，要有结缘心。只要我肯跟别人结缘，例如我以欢喜跟你结缘、以物品跟你结缘、以好的语言跟你结缘、以助成跟你结缘，我赞美你，助成你，你会不接受我吗？

所以，平等心、慈悲心、随和心、结缘心，都是处众的方便。处众学会了，处处有通路，处处都有助缘，人生何其美好呀！我们"何乐而不为"呢？

以疾病为良药

　　疾病与痛苦是分不开的，所谓"病痛"、"病苦"、"疾苦"。生病了，这是很不幸的经验；然而凡人吃五谷长大，哪有不生病的呢？所以"生老病死"，疾病是人生免不了的过程。

　　佛陀说：学道的比丘要带三分病，才知道要发道心。有时候健康的人不知道疾病的苦处，有一些疾病正可以给自己一些示警，给自己一些体验。能够知道"有病方知身是苦"，就容易体会世事无常，就会知道要发心、向道。由此看来，疾病固然要吃药才能痊愈，然而事实上，疾病的本身就是人生的一帖良药。

　　早期对肺结核还没有研究出一套很有效的防治办法，肺结核是一种传染病，大家一谈到肺病，无不恐惧不已。然而有医师说，其实有百分之五的传染，不但不可怕，反而能增加身体的抵抗力，增强身体的免疫力，所以有一点传染，不但不是不好，反而有益于身体的健康。

有了疾病，其实也不必恐惧，何妨"与病为友"！生病了，要找医生治疗，其实最好的医师就是自己。自己要做自己的医师，自己身体上的疾病，应该自己首先知道。当然，身体的构造复杂，有时还是免不了需要透过仪器的检查，才能准确地知道病因。

然而，佛教对于疾病，希望病患要能从"身不苦"，做到"心不苦"，这就要靠自己的信心和意志力。所谓"精神能克服一切"；真正的良药是心力，心力才是疾病的最好良药。

此外，物理可以治疗疾病，时间可以治疗疾病，饮食可以治疗疾病，运动可以治疗疾病，修行也能治疗疾病。

病，一般人把它比作"魔"。病魔要来为难我们，我们如何才能不被病魔所打倒呢？首先我们要能不惧怕病魔，自己要对自己有信心。

生病有时也不全然是身体上、生理上的疾病，有时疑心也会成病、妄心也会成病、执着也会成病、幻想也会成病。纵使有时候真的是身体的机能有了毛病，也不要病急乱投医，不要听信江湖郎中的话，更不能迷信偏方。有了疾病，除了要透过正当的中西医治疗，要相信医师的话以外，也要相信自己。如果自己能够成为自己的良医、良药，当然一切疾病也就无所畏惧了。

人要有理想

　　《佛光菜根谭》说："是一等根器的人，凭着崇高理想而行事；是二等根器的人，凭着常识经验而工作；是三等根器的人，凭着自己需要而生活；是劣等根器的人，凭着损人利己而苟存。"

　　今日青年，大都缺少理想，缺乏抱负；因为无愿、无热、无心、无志，故而在工作上便会有无力感，这都是因为没有理想之故。

　　人，有了理想，工作就不会觉得辛苦；有了理想，吃亏也不会去计较；有了理想，困难都能克服；有了理想，生活中就会生起莫大的力量。所以，人要有理想，有理想就有志愿、有理想就有抱负、有理想就有热力、有理想就有成就。

　　理想就是正当的希望！每一个人在一生中都有很多的希望，而崇高的理想，则是我们正当的希望。希望，可以引导我们走上正途；希望，可以指示我们达到目标。所谓"哀莫大于心死"，人生最悲哀的事，就是没有希望。没有希望的人生，前途一片灰色，黯淡无光。

动物中，就算猫狗，也希望有美好的三餐；植物界，就算花草，也希望有朝露的滋润；自诩为万物之灵的人类，怎么能没有正当的希望，怎么能没有崇高的理想呢？

人生有了理想，才有奋斗的力量；没有理想的人生，好比干涸的泉水，就不会长养生机；没有理想的人生，好比荒凉的沙漠，就无法孕育生命。有了理想，才有生机；有了理想，才有生命。

登山者，所以能征服高山，因为这是他的理想；航海者，所以能够征服海洋，因为这是他的希望。人类能够登陆月球，因为他有探索虚空的愿望；参禅修行者能够闭目冥思，只为了探索内心神秘的世界。世界上多少伟大的事业，都是靠着理想和愿望所产生的力量而能成就。

世间，有的人希望成圣成贤，有的人希望成佛作祖，有的人希望成为隐士，有的人希望成为英雄。总之，人类要有理想，生命才有光热；人类要有理想，前途才有希望。有了理想，生命自然会有意义；有了理想，人生自然会有希望。理想使我们的生活充满乐观，有了理想，我们就能拥有一个自我的世界。

轮回

　　"五趣流转，六道轮回"，这是说明，生命不是只有一期就结束的。佛教讲生命，不是从生到死，而是像时钟，是圆形的；像车轮，是转动的；故而有所谓的"三世轮回"。

　　生命有前世、有今生、有未来，所谓"前世今生，今生来世"，轮回不停。

　　杨柳枯了，会有再青的时候；花儿谢了，还有再开的时候。太阳西下了，明晨会再升起；冬天到了，春天还会很远吗？像这样的轮回思想，多么美丽，多么真实，多么光明的未来希望啊！

　　人吃了青菜五谷，排泄成为肥料；肥料再滋润草木，又供人所需。人喂食猪羊，猪羊又供人食用，彼此轮回。

　　"种瓜得瓜，种豆得豆"，这就是轮回因果的思想。世界有成住坏空的轮转，时间有春夏秋冬的更替，人生有生老病死的阶段，这一切都是轮回。

　　轮回是圆的，轮回是希望。水被太阳蒸发为蒸气，遇冷凝结致雨；花果枯萎成为种子，经过播种又再开花结果。一江春水向东流，流到哪里去呢？还是有再回来的时刻。

富贵不过三代，帝王朝代很少超过千年的；所谓"眼看他人死，我心急如焚；不是伤他人，看看轮到我"。因为轮回，知道有因果；因为轮回，可以看出无常。

火车的车轮辗转不停，这是向前；轮船的轮机，不但向前，还可以左右。我们因为起惑、造业、受苦，"惑业苦"的框框一直紧紧地束缚住人生。在这生死轮回中流转，虽不畏于灭亡，但终难免有轮回之苦啊！

轮回可以有好的未来，可是也有不幸的降临。例如现在的政党轮替、家族的兴亡，在在都是说明了现世的轮回。世间所谓"成者为王，败者为寇"，都是各有前因莫羡人。

轮回是很可怕的，假如你懂得的话，全世界的人，哪一个没有做过我们的兄弟姊妹？如果你能透视"阿僧　劫"，你必当相信，所谓"世间轮回苦，孙子娶祖母；牛羊席上座，六亲锅里煮。"

轮回，可不慎乎？

最好的投资

现代的社会，开一间工厂需要集合朋友投资，甚至办一间学校，也要集众投资。现代的财团法人、股份有限公司，都是投资的团体。因为个人的力量有限，不得不集众力而能有所为。正如独木难撑大厦，集众人之力，人多好成事！

投资就是将本求利，投资是希望由小而大、由大而多，所以关系企业，总是给人许多的羡慕。但是，真正的投资，眼光要远，例如今年播种，明年才有收成。做了一件好事，要等多年以后才有回报。

我们不但在金钱上投资、事业上投资；在人情、信仰上，更要投资。有时投资一句好话、一脸笑容、一个点头、一声问好，将来可能会有不可思议的结果。

国际佛光会推动的"三好运动"，就是一种投资。例如，关于身业的，做好事，当然会有好事的因果；关于口业的，说好话，当然会有说好话的因果；关于意业的，存好心，自然会有存

慈心如花香，可以把欢喜传送他人；
爱语如阳光，可以把温暖散播十方。

说话，要有柔和赞美的内容；
做事，要有勤劳忍耐的精神；
待人，要有亲切尊重的态度；
读书，要有用心仔细的思维。

好心的因果。所以，我们不但是在金钱物质上投资，身口意也可以用来投资。

佛教所谓的"广结善缘"，就是最好的投资。世间的事业，有的人合伙投资不数月，便拆伙倒闭了；因为他才播了种，即刻就想要有收成，这是缺乏投资的条件。也有的人一心想要赚取投资所得，因为过分贪求近利，结果往往反而亏损。有时候你不执着、无心无相地助人，却能有大收获，此即所谓"有心栽花花不发，无心插柳柳成荫"。

所以，急功好利不能投资，贪图自私不能投资，失去众意不能投资，不耐因缘不能投资。投资者，要护其因，护其缘，才能成其果也！投资如播种，投资如结缘，不播种、不结缘，哪里能有收获呢？

所谓投资，投者，要投其所好，要投时、投地、投缘；资者，是给予人的帮助。投资者，所投的一切如果都是对人有所帮助的事，则必然会有很好的结果，所以我们不妨自问：我所投资的，都是对人有所帮助的吗？

如果你能用慈悲去投资，用结缘、用奉献、用智慧、用劳力、用助人的因缘去投资，这就是最好的投资。

所谓"种如是因，感如是果"。你投资最好的，自然也会获得最好的结果，这是必然如是的因果道理！

智慧的重要

　　人生世间，不能不工作赚钱；要工作赚钱，才能生活。有的人用劳力赚钱，有的人用时间计薪，有的人出卖身体谋取所需，有的人靠语言赚钱营生。其实，最聪明的做法，是用智慧来赚钱。

　　曾经有一个牙膏制造工厂，因为产品滞销，公司营业受挫，负责人昭告员工，如果有人献出智慧的妙计，能使公司的营业额增加，就可获得十万元奖赏。有一个员工只提供了一句："牙膏出口，放大一倍。"当下就轻易地获得了十万元奖金，而公司的营业也从此增加何止百倍、千倍。

　　一条妙计，可以赢得一场战争；一个主意，可以振兴一家工厂；一则良策，可以成就一番事业；一些智慧，可以反败为胜，化险为夷。

　　社会上，有的人一天的劳力所得只值一千、二千；有的人一个智慧的计策，可能价值百万、千万，智慧的价值，不言而喻。

美国有一个植物园，每天吸引大批游客。因为园大树多，经常有人采摘花木，使园林受损。守门者就在园门上方，写着一排告示："如有检举偷盗花木者，奖赏美金二百元。"好奇的游客问管理员：为何不按通常的习惯，写成："凡偷盗花木者，罚款二百美元？"管理员不假思索地答道："要是那么写，就只能靠我的两只眼睛辛苦地到处巡逻，而现在可能有几百双眼睛，帮我看管园中的花木呢！"这一则告示，真可以说是充满了智慧的匠心独运之作。

佛教里，有一个卖偈语的长者，他只记取一首四句偈，即价值十两黄金。更有甚者，《金刚经》说，三千大千世界的七宝，其价值都比不过一句智慧的偈语。因为，财宝有用罄的时候，智慧的偈语则是生生世世，受用无穷。

一个家庭里，如果有人能讲智慧的话，做智慧的事；用智慧就能去除人我的纷争。在社会上，用智慧做人处事，自能减少许多无谓的麻烦和困扰。

佛法说：有两种人最具有智慧，一者不犯过，二者过而能改。另外，还有两种人有智慧，一者会说赞美的话，二者会做巧妙的事。

世间有很多人因为无知、无明，所以有痛苦、有烦恼；智慧能够引导我们人生的方向，帮助我们提升自己，扩大自己。智慧的可贵，信有然也！

胜利的条件

胜利，多么迷人的名词！

日本侵华，中国人八年抗战，当取得最后胜利的时候，举国狂欢；欧洲、美国军队在诺曼底登陆，取得第二次世界大战决定性的胜利，举世重视。

世界各国，追求自由民主，每次选举，得票最高者的胜利欢呼，对照失败者的落寞，给人感慨良多！举世多少人尝到胜利的果实，获得奖章、奖牌的荣耀，这都是胜利的光辉所燃起的效果。

世界上，有的人用金钱买到胜利，有的人用权势取得胜利；有的人用武力、刀枪达到胜利，有的人用美丽言辞获得胜利；也有的人用欺骗的手段追逐胜利，乃至有的人用大众舆论的力量希求胜利。但是也有人用慈悲、智慧、道德、人格、感动、忍耐等力量获致最后的胜利。

在佛教里，忍的意思不是消极、不是停顿，更不是退让；

佛教的忍，是力量、是承担、是前进、是负责，是大仁大勇的动力。

一般人忍苦忍难、忍气吞声，固然是忍；但是杀身成仁、舍生取义，也是忍的精神。所谓忍者，就是牺牲自我，成就别人；所谓忍者，就是代众生受苦，求取大众的富乐和平。

释迦牟尼佛在本生修行时，身为长生童子，他以"实践忍辱"为修行，终于取得国家最后的胜利；乃至歌利王被"割截身体"时，无有瞋恨，因为他"无我"，故能胜利。

忍，不是完全消极地让步；忍，也是积极为取得胜利所必然的牺牲。例如越王勾践卧薪尝胆，忍辱偷生，就是为了努力复国也。忍辱可以负重；忍辱可以担当责任，所以佛陀说："若不能忍受侮辱、恶骂、毁谤、讥评如饮甘露者，不能名为有力大人。"

忍，最后必然能够获得胜利，但是所需的时间很长。现在时代不同了，所以"忍"固然是最大的力量，然而除了忍之外，还有慈悲、道德，都能取得胜利。

尤其，现在是民主时代，掌握选民的力量，就能获得胜利。平时赞美别人，让步谦虚，为人解决问题，为人谋求福利，都能获得真正的胜利。

能够具备勇敢的忍、勤进的忍、智慧的忍、担当的忍，也是胜利的条件喔！

凡事看两面

凡事都有两面，一是"是"，一是"非"；一是"善"，一是"恶"。此外，所谓"好、坏"，"对、错"，"加、减"，"有、无"等等，都有两面。

然而，看似有两面，其实也没有绝对的两面；有时两面都是好的，有时两面都是坏的。甚至有时"是"的当中，还有一些"不是"；"不是"的当中，也有一些是"是"的。

有时候两个人争执，各说各的道理，这是因为各有各的立场，无所谓谁是谁非、谁对谁错。正如儿女说父亲最可爱，说母亲最可爱，都"是"的，但都不圆满，应该说：父母都可爱。

佛教徒说佛教最伟大，基督教徒说基督教最伟大，都是对的；但是，如果能够尊重对方，佛教徒说基督教也很伟大，基督教徒说佛教也很伟大，这样会更圆满。

有时候"是非"从各自的立场来看，或是因为历史文化、风俗习惯等背景不同，彼此各执其是，就很难有标准了。

东方人看西方人，在公众场所里，袒胸露背，妖里妖气，不够庄重；西方人看东方人，在大庭广众中，赤膊半裸，不成体统。

东方人看西方人事事排队，认为是浪费时间，不懂工作效率；西方人看东方人，时时争先恐后，乱成一团，认为是毫无秩序的民族。

中国人看日本人，彼此弯腰作揖，一个告别，没有三弯五屈，走不出门；日本人看中国人昂首阔步、骄横无比，认为是一个不懂礼貌的民族。

中国人看西方人，结婚离婚、离婚结婚，第一任丈夫、第二任丈夫，第一任太太、第二任太太，甚至第四、第五任太太，简直匪夷所思；西方人看中国人，三妻四妾，儿女绕膝，三代同堂，五代共住，真是不可思议。

中国人一见面，习惯问候对方"你吃饭了没有"？西方人觉得实在奇怪；西方人一见面就互相拥抱亲吻，中国人也觉得很难接受。

所以，佛教主张"中道"，对任何事都要看他的居心、看他的动机。因为凡事都有因果的两面，唯有看出"中道"的因缘，才有"公是公非"。凡事不看两面的人，喜欢听"片面之词"，这是不懂得公理。公理要把它放在台面上来讲，它必定有一个平衡点；它是两面的，是多面的，甚至还有其他另外的内在因缘呢！至于如何看出这些，那就只有靠智慧才能了解了！

赞成与反对

在群众之间流行着一句话："为反对而反对！"有些人，理性不足，只是情绪化，造成执着；也有的人凡事先入为主，或者只为自我的利益着想，不管事情的是非、好坏，只为赞成而赞成，或为反对而反对者，多矣！

为赞成而赞成的人，就说："你看，他敢打人，他敢骂人，是多么的勇敢！"打人、骂人，他也赞成！"现在无官不贪，他贪一点利益，这也很正常"！贪污也可以赞成吗？"古人三妻四妾，他重婚，多一个女人，这有什么关系"？"他虽是好吃懒做，这是他的福气，你又能奈何"？像这许多是非不分，不论事情的对错，就任意地妥协、任意地赞成，社会怎么会健全，人生怎么会清净呢？

为反对而反对者，例如，我反对兴建高速公路，因为太直、太平、太好行的道路，一直在出车祸。难道我们就不建高速公路了吗？有人反对制造轮船、飞机，他说，飞机在空中失事，轮船在海中沉没，难道我们就不制造飞机、轮船了吗？有人反对建筑高楼大厦，理由是地震伤亡，大楼比较危险。难道我们就不建高楼大厦了吗？

有人反对知识，说知识愈高，烦恼愈多；有人反对教育，说高等教育只会教出一些闲人，这么说，难道我们就真的不要知识，就不要办教育了吗？

依此类推，假如吃饭说是浪费米粮，难道我们就不要吃饭吗？如果说睡觉太浪费时间，难道人就不要睡觉吗？生儿育女，儿女会为非作歹、倾家荡产，难道就不要生育儿女了吗？

所以，遇事持反对或赞成意见者，尽管有许多的理由，但不经过理性地决断是非、好坏，不管赞成也好、反对也好，都不值得附和。

在一个团体中，为了裁决赞成和反对者，用民主票决，取决于多数，以示公意。虽然赞成和反对的多数，未必全好，也未必全坏，但是在赞成和反对之间，取决于多数，总是比较公平。

因此，世间诸事，只要是善的、好的，是对大家有益的、对人间有贡献的，都该赞成；否则，少数人的利益、眼前的利益，或者弊多利少者，或者对国家社会不利者，都该反对啊！

当赞成的时候应该赞成，当反对的时候应该反对！凭着良知，依据正义；以慈悲心，以智慧力加以裁决，当能得出赞成与反对的公是公非。

五分钟的热度

　　"五分钟的热度"，这是耻笑一个人没有恒心，做事才有了开始，接着就后力不继，这就是只有"五分钟的热度"。

　　有的人染上了不良习惯，发誓赌咒要改过，可是他只有"五分钟的热度"，过后就忘得一干二净；有的人听到善行义举，他也立志发愿要参加，可是热得快，冷却得也快，只有"五分钟的热度"。

　　情绪化的人生，大多数忽冷忽热，就如现在的快餐，经过微波炉的加温，热得快，也冷得快。又如花草树木，今年种，明年就长大的，必不耐久；必须在时间之流中，历经多少的寒暑，才能长成所谓的"青松翠柏"。

　　佛教鼓励人要发"菩提心"，菩提心就是"长远心"；所谓"菩提心好发，恒常心难持"，所以学佛重在"不退转"。

　　平常我们孝顺父母，不能"久病床前无孝子"！我们爱国护国也不是喊喊口号，回家就忘记了！我们开店经商，知名度与信用都还没有建立，就因为赚钱有限而不耐烦，如此短见，怎么能有未来呢？

立志发心，不能像朝露，所谓"露水道心"，经不起太阳一照，就自己消失了。佛教所谓的"摩诃萨"，意思就是说，要做"大菩萨"，必须"经大时"；所以行菩萨道要能"千生万劫"。所谓"难行能行，难忍能忍"，如果只有"五分钟的热度"，就无法成就佛道。

越王勾践"卧薪尝胆"，历经二十余年的整军经武，而后才能完成复国的志愿；楚汉之争，汉王刘邦忍辱含垢，一直以低姿态和项羽周旋，他才能取得最后的胜利。所谓"争千秋，不争一时"，如果只有"五分钟的热度"，如何能和人一争长短呢？

有的人做事"虎头蛇尾"、"一曝十寒"；这种只有"五分钟热度"的人做事，终究"掘井九仞，功亏一篑"。所以，做人做事，要经得起时间的考验，要经得起麻烦苦恼的挫折，要能忍耐得了千辛万苦的锤炼；能够奋斗不懈，坚定毅力，发大愿心，所谓"虚空有尽，我愿无尽；世界有尽，我愿无尽；众生有尽，我愿无尽"。能够有此愿心，才能在长远的佛道上精进不懈。

即使是走在人生的道上，也要有马拉松赛跑的精神；能够耐力持久，才能在人生道上做一个长跑健将，也才能跑出自己光明的前途。

心灵净化

佛教负有改革社会风气和"净化心灵"的功能。

其实，"心灵净化"还是要比"心灵改革"好。"心灵改革"首先在语辞上就不太恰当，因为真心如如不动，不需要什么"改革"，只是心灵上的尘埃烦恼需要"净化"而已。

就算把"心灵净化"说成"心灵改革"吧！就如同革命一样，也需要有一套理论，要有革命的主张。可惜当时响应"心灵改革"的社团，都只是安排一些歌唱舞蹈的节目，举办一些户外团康的活动，于是"心灵改革"乎？"心灵净化"乎？成果就可想而知了！

心灵为什么要"净化"呢？因为心灵受到了污染，就如神秀大师说："时时勤拂拭，勿使惹尘埃！"心灵的污染，来自色、声、香、味、触、法等六尘；六尘染污了心灵，因此必须要有方法来对治。就如田园里长了杂草，也要有除草机来整理；荆棘葛藤挡路，也要用利剪加以清除；铜铁生锈了，要用润滑剂抹拭；

身体污秽了，要用清水洗涤干净。

其实，改革也好，净化也好，只有用佛法才是究竟之道。例如国际佛光会最早推动"七戒运动"，一戒烟毒、二戒色情、三戒暴力、四戒偷盗、五戒赌博、六戒酗酒、七戒恶口。接着又再推动"慈悲爱心列车"巡回全岛来宣传慈悲爱心，不但落实民间，而且落实人心。最后又提出说好话、做好事、存好心的"三好运动"，凡此都是为了改善社会风气，都是净化心灵的一帖良药。

身体病了，可以找医生来治疗，心灵病了，要靠佛法来对治。身体的病，要到药房买药；心理有病，要靠佛、法、僧三宝。佛如良医，法如良药，僧如看护。佛教的因果观念，令人不须经由法律规章的约束，就能自制自律，从善如流。佛教的环保观念，令人自动自发维护环境整洁，又能改善社会风气，净化人心，达到心灵环保的功效。佛教的四无量心、六波罗蜜、八正道等教义，都是最佳的道德行为指南。

此外，培养结缘的习惯、人我互调的观念、散播慈悲的种子、遇事感恩的美德，都是净化心灵的方法。

我们日常生活中，由于眼看耳听，无形中增加了心理的压力；唯有用慈悲的法水、智慧的法水，才能洗涤尘埃，才能真正发挥净化心灵之功！

嫉妒心理

嫉妒是一种毛病。人的毛病，有的隐而未现，有的显而易见。"嫉妒心理"的毛病很容易看得见，因为嫉妒是发自内心，但是往往"形之于相"，因此很容易在态度上看得出来，尤其在言行举止间，更容易察觉出人的"嫉妒心理"。

我们从一些语言上举例来说，有的人说，我就是不喜欢"买名牌"的东西，我就是不喜欢"穿名牌"的服饰，这是表示他嫉妒别人买名牌、穿名牌。有的人不欢喜和"官员"来往，不喜欢和"富商巨贾"往来，这就表示他有嫉妒官、商的心理。

也有人说，我从不买股票，我从不购买书籍，这表示他嫉妒别人投资股票、阅读书籍。还有人说，我"讨厌选举"，我从来"不想出国"，这表示他看到别人出国，看到别人选举，他心有嫉妒。

甚至连佛教界的人士，也会在言语上流露出"嫉妒心理"。例如：我就是"不建寺庙"，我就是"不收徒弟"，我从来"不写

文章"，我就是不喜欢办"弘法活动"。你不喜欢建寺有什么了
不起？你不收徒弟、不写文章、不办活动，又有什么了不起？只
是，这些人说这些话的时候，嫉妒心理已经跃然纸上、显露无
遗了。

其实，既然好事你都不要，何不干脆说：我就是不要生
病、我就是不要衰老、我就是不要死亡！再过几年，你且看他能
不病、不老、不死吗？

因此，说话要有一些修养，要有一些气度，过头的饭可以
吃，过头的话不可以说。不要把小人的嘴脸和嫉妒的心理，毫
无保留地流露在外呀！

弘一大师的修养，素为人所赞叹，因为他没有嫌恶之心，
没有嫉妒心理。别人得罪他，他说"他有他的苦衷"；别人指责
他，他反而感谢对方的关心。用太咸的菜给他吃，他说"咸有咸
的味道"。甚至一条毛巾坏了，他也舍不得丢弃，他说"还可以
再用一段时间"。

因为弘一大师的修养，他的心中没有嫉恨，所以一切都能
随喜，一切都能赞叹。

人，要能互相助成，互相赞叹，不要只准自己建高楼，不准
别人住洋房，这种世俗的心态，没有道心、没有慈心，心地不
柔软。

世间，有了高速公路，可以再建快速道路；有了轮船，还可
以有飞机；有了黄色，再加蓝色、紫色、红色，五彩缤纷、多彩

多姿，世界多么美好呀！

　　因此，人要有与人为善的心，要有感恩的心。人与人相处，若能时时怀抱感恩之心，仇恨嫉妒便会消失无形，是非烦恼自然匿迹无影，我们生活的人间自可获得和谐美满。

护短利弊

护短就是保护自己的缺陷、缺点。自己的缺点不是保护就能解决的，与其保护短处，不如改进短处。

十个指头，伸出来有长有短，长固然很好，短也有需要。

一根木材，本来很长，但是为了建房屋、造桌椅的需要，所以把长的锯短；长短参差，实际上也有需要。

齐桓公要请鲍叔牙为相，管仲期期以为不可。因为鲍叔牙疾恶如仇，只能与善人交，不能与恶人来往，这就是为相的短处。为相之才要能如大海一样，容纳百川，长短善恶，都能了解，所谓"宰相肚里能撑船"。

人都有短处，短处不要紧，但不能有过失。短处不是过失，例如，不会唱歌、不会绘画、不会外文、不会数学，此虽短处，但短不掩长，人还有其他很多的特长。

不会唱歌，但是会说话也很好；不会绘画，但是会欣赏也很好；不会外文，但能够通达本国文字也很好；不会数学，但懂得理则也很好。

技术上的短处无可厚非，精神毅力上的特长，是非常重要。例如，度量宽宏、道德完美、机智过人，勤劳发心，此皆特长，人人可得。若其不能，此乃不为，非不能为也!

今日青少年，不重改进短处，只在保护短处，稍有批评，即提出辩解护短；稍有指责，即强烈反感对方。甚至父母为儿女护短，身为老师亦为学生护短；朋友因情感，相互护短；夫妻因爱意，彼此护短，此非要好之道，实为不智之甚也。

善于演讲的人，最后都昭告听众"请多多指教"，此即不护短之意!善于为文者，在文末都说"敬请批评指教，不胜馨香期盼"，此皆望人指正其缺点、短处，而能有以改进。这也是表示有雅量而不护短之意!

今人各种会议，都希望去其短，而计划出其长也!各种办法，莫不经过集合讨论，博采众议，希望去其短而留其长也!

遗憾的是，今日为官者，官官相护，此即其短也；今日学者，不肯认错，此亦护短也!藏垢纳污，环境只有更加败坏；文过饰非，人格只会增加污点；隐藏疾病，只有使身体更加恶化；隐藏短处，只会让潜能受到抑制。智慧上、事物上的短处可以原谅，人格上的短处就必须要改了。

因此，长短虽然各有所用，但我们要发挥所长，而不能护其所短。能够正视自己的短处，并且加以补足，则不管是长是短，都能有所用也!

情绪化

　　儿女有时会向父母闹情绪，妻子有时会向丈夫闹情绪，部下有时会向长官闹情绪，朋友与朋友有时也会彼此闹情绪。由此观之，情绪都是弱者所表现的抗争之行为也。

　　现在的社会上，学生闹情绪，不肯上课；公务员闹情绪，不肯上班；猫狗闹情绪，不肯听话；机械闹情绪，不肯转动。男女老少都会闹情绪，有的人闹情绪时，离家出走；有的人闹情绪时，闭门睡觉。情绪之对人有害，实在非常之大！

　　情绪，人皆有之！妇女以撒娇来发泄情绪，青年以打斗来表露情绪，儿童以哭闹来表示他的情绪。甚至商人罢市、工人罢工、航空罢飞、火车罢行，此皆各种情绪的发泄。

　　为什么大家都欢喜闹情绪？他一定想到利用情绪来解决问题。其实，闹情绪只有坏事，而不能解决问题。

　　经常闹情绪的儿女，父母会不欢喜他；经常闹情绪的学生，老师一定认为他的品德有问题；部下经常闹情绪，长官不会提拔他；甚至夫妻经常闹情绪，也会影响和谐相爱的情感。

经常闹情绪的人，一般人形容为"晴时多云偶阵雨"。人一闹情绪，讲话就没有情理；人一闹情绪，生活就没有规矩；人一闹情绪，义理、人情都会不顾；人一闹情绪，美好形象就难以维护。

佛教说，情绪乃无明业风。当无明业风一起，大海会波涛汹涌，人间会黯淡无光，人性会云遮日蔽，真理会歪曲不正，情绪之为害，实在不谓不大呀！

当情绪发作的时候，有人摔掼碗盘桌椅，其实碗盘桌椅也没有犯过；有人情绪发作的时候，怨天怪地，诅咒别人，其实天地、他人也没有得罪于他。

自古以来的中国，为了帝王以及权势中人的情绪，而成为冤死的鬼魂，不知为数多少！很多有能力的人，因为主管的情绪而弃职还乡、埋名林下的，不知凡几！

所谓情绪，对个人阴云风暴，会伤害自己；对国家、大众、社会，如果情绪用事，则国之不国，政之不政，影响可谓大矣！

动静时间

我们的生活，有"动"的一面，也有"静"的一面。

动的一面，表示自己有生气、有活力、有奔放、有发展，能和社会大众融合在一起；静的一面，有安然、有轻松、有自在、有宁静，有自我享受的乐趣。

有的人，能动不能静，只要一静下来，他就会无所事事，不知如何是好。每天都希望在"动"的当中，才能安排自己，所以，爬山游泳之后，还要再去打球，还要再去到处找朋友聊天。一天当中，睡眠之外，他几乎一刻都不能"静"，他享受不到生活的宁静，多么可惜啊！

有的人，能静不能动，常常一个人自我关闭、独坐、冥想，生活中，顶多阅读书报、聆听音乐，对于活动，他不乐于参加，他的人生就像枯木死灰一般，显得太没有生气了。

其实，就算是参禅打坐，在"静"坐之后，也要起来行香、礼拜，以活"动"筋骨；即使是诵经、念佛，在声音的"动"态之后，大修行者也会要你有些闭目、禅思的时间，让你享受寂"静"的安乐。

所以，动静其实是不可分开的。当动的时候要动，当静的时候要静，能动能静，才是正常的生活。

"静如处子，动如脱兔"，如果不当动的时候妄动，则如战场上的战事，后果不堪设想；不当静的时候，如果一定要安静，这是表示自己处理生活的无能。

所谓"动中乾坤大，静里日月长"。人生要能够在"热闹场中做道场"，也能在静态的世界里享受"缤纷灿烂"。不如此，则是不懂得人生的意义也！

"树欲静而风不止，子欲养而亲不待"，这是没有把握好动静的时间；"青春已逝，劳力不再"，即使想要争取时间，也不易有所作为了。

所以，我们的身体心行，要"可动可静"，也必须"能动能静"；我们的心意，要"能动能静"，也要"能静能动"。甚至更进一步的，身在动，心能静；心在动，身体安然。身心在"动静"里都能够有所安住、有所安排，人生才能处处安然、时时自在啊！

人中之鬼

每一个人的童年，最怕的就是鬼！

中国民间有许多谈鬼色变的故事，例如鬼屋、鬼具、鬼妻、鬼事、鬼地、鬼行等。

所谓鬼，就是见不得阳光，躲在阴暗处作祟。一般人谈到鬼，便会想到地狱，所谓地狱多鬼，甚至有人常常用鬼来吓人！

人世间究竟有鬼吗？这是常听到人提出的问题。人世间有人、有畜生，为什么没有鬼呢？

若曰：人、畜生都是有形有相，鬼无形无相；既无形相可见，何能承认有鬼之事实？

其实，在人间有形有相的鬼非常之多！例如：好酒者，我们称曰酒鬼；好烟者，我们称曰烟鬼；好色者，我们称曰色鬼；好赌者，我们称曰赌鬼。甚至还有贪心鬼、风流鬼、懒惰鬼、肮脏鬼、小气鬼等，世间之鬼，可多着呢！

鬼，到底可不可怕？有人怕鬼，有人不怕鬼。甚至有人说，鬼很可爱。《聊斋志异》里的狐狸、孤魂野鬼，都可以成为美貌佳人，万种风情的来和人相伴。所以，妻子昵称丈夫"死鬼"，母亲对心爱的儿女昵称"小鬼"，可见鬼也有为人所爱的呀！

真正的鬼不但待在地狱里，也待在人间，甚至待在我们的内心里。所谓疑心生暗鬼，我们的心中除了有疑心鬼之外，还有瞋恨鬼、嫉妒鬼、多恼鬼等。可以说，我们的身体躯壳里原来住了许多的鬼怪。

鬼，还算是小鬼，如果鬼变成了魔，所谓魔王，那就更加的可怕了！烦恼就是魔王，无明就是魔鬼的君主；由无明烦恼的君主统领贪瞋痴的大将，率领八万四千的小鬼，专门与慈悲道德的世界作战。无明的魔鬼不但会把我们自己的身心搞得日夜不得安宁，甚至危害到家人、朋友、社会，乃至国家及全体人类。

所以，我们不要成为人中之鬼，我们更要驱逐心中之鬼。一个人心中有鬼，行为就不会坦荡，做事就不会光明磊落，人格就不会高尚，人际关系也不会和谐。

因此，人不必怕鬼，自己也不要做鬼。每一个人都要具有抓鬼的本领，所谓"降伏其心"，就是"降伏魔鬼"。否则心中的鬼怪不除，何能堂堂正正地做人呢？

人要识大体

国家是人民的"大体"，人民不能因为个人的利益、个人的立场，因而有损国家的形象。凡每一个国民，都应该"识大体"。

我的机关、我的社团、我的长官、我的同事，都是我的大体，我不能因为个人和他们的理念不同，而排斥他们，这就是"不识大体"。利益冲突时，我可以争取我的利益，但不可以损伤他们，因为他们都是我的大体。

父母师长、亲人朋友，都是我的大体，我不能为了一己之私、一念之恨、一己之图谋，因而做出伤及他们的事。有的人，为了一些事不能顺自己的要求、不能满自己的私心，就用不正当的手段、言辞，去控诉自己曾经服务过的机构、曾经就读过的学校、曾经信仰过的长者、曾经亲近过的师友、曾经受过恩惠的父母亲人，这都叫做不识大体。

所谓"天作孽，犹可为；自作孽，不可活"。"不识大体"不只是伤害对方，最重要的是伤害了自己。因为你逞一时之快，出卖别人、毁伤别人，最后你的行为、品德，终将被世人所唾弃。

不识大体的人，和奸刁小人差不多。不识大体的人，自己不认识自己，别人会很认识他。因为他一和人言谈之间，就出卖曾经给他依附过、和他来往过的人。不识大体的人，经常口沫横飞地大发牢骚，批评、毁谤别人；其实，犹如送礼给人，人家不接受，只有自己收回！

朋友合作，为了一点小利，纷争不已，不识大体啊！共同投资，大家主张、意见不同，就一直杯葛对方，自己不识大体啊！别人的好事，千方百计地予以破坏、给予伤害，损人又不利己，实在不识大体。自己不去孝养父母、不懂尊敬师长、不能和睦朋友、不肯爱护部下，不识大体啊！

曾经做过台湾省主席的吴先生，在他离开台湾以后，就诉说台湾种种的不好，虽然他为人精明干练，但是大家觉得他不识大体。民国的汪精卫，本为国民政府的要人，后来卖国求荣，投靠日本。因为不识大体，大家对他们的人格评价自然不高。

很多情报人员，即使被逮捕，宁死也不会招供，因为识大体。杜月笙在上海处境艰难，但是他识大体，所以始终没有被日伪所利用。

民国初年，霜庭法师即将晋山做金山寺的住持，他的法兄宗仰上人回到镇江，大家忖度他大概有意回来争夺住持之位。他明白众人的顾忌，于是写了一首诗向霜庭法师祝贺，诗曰：

"汝兄回来并无此意，吾弟主席尽管放心。"大家一听，莫不赞赏宗仰上人识大体也！

人，要识大体，才能有所为有所不为，才能树立自己的道德人格，才能像松柏一样，傲骨霜雪，气节常青！

疏解郁闷

多年来股票暴涨，股票暴跌。多少人成为暴发户，多少人一夕之间身败名裂，最后抑郁而终。

一场选举，开票结果，几家欢喜几家愁！有的高官下台，神情郁闷，有的革职辞退，也给自己多少的郁闷。

青年男女失恋，如丧考妣般的郁闷；学子考试名落孙山，好像末日来临一样的郁闷。求职不成，遇人不淑，遭友欺骗，临事不明，给人倒闭，被人冤枉，都会感到无限的郁闷。

横逆的人生，在各种的道路上，难免没有困难挫折与崎岖不平的郁闷。一时的情绪必须要能化解，否则积压日久，变成忧愁苦闷的郁闷，这就非常严重了。所以有了挫折，必须要"化悲愤为力量"，所谓"不经一事，不长一智"，从哪里跌倒，可以再从哪里站起来。

楚汉之争，刘邦经常战败失意，但他不为战败郁闷，终于灭楚兴汉；唐太宗因为战功彪炳，受兄弟的压制，但他不因此郁闷，终于受众大臣的拥护，玄武门兵变而成为一代雄主。

谢安统领偏安的东晋，不因国弱兵少而郁闷，终在淝水一战而能起死回生。

袁世凯希望称帝，未能如愿，郁闷而亡。一念私心起，八万障门开，一时的郁闷也会造成无法弥补的后果。

日，总会遇到云雾霜雪；月，终有阴晴圆缺。人生也难免荣辱得失，一时的郁闷，不要引为终身的失败。

你看，多少人死里求生，多少人困中超脱。天无绝人之路，何必为一时的郁闷而对前途感到灰心无望。

周利槃陀伽因为愚笨，受到兄长的呵斥，他听了佛陀的开示，把郁闷变为发愤图强，终于开悟得道；罗睺罗因为说谎，受到佛陀的严厉教训，但他不因此郁闷，反而更加真实密行，终于成为佛陀的十大弟子之一。

道生大师不因被人排斥而郁闷，他到南方热心说法，终于感动顽石点头；达摩祖师见梁武帝，彼此相谈不契，他不因此郁闷，而驻锡少室峰面壁，终遇慧可东传启教，让禅门一花五叶，繁荣不已。

郁闷可以带给人穷途潦倒，一蹶不振；但也可以给人发愤图强，借机向上。郁闷是一时的，千万不能被郁闷打倒喔！

家和万事兴

在外旅行久了的人，就想回"家"；白天出外工作的人，到了晚上也要回"家"。家，是人生的安乐窝；家，是人生的避风港。因为家中有父母兄弟，因为家庭里有妻子儿女，所以家有温暖，家有馨香。

说到家，有大家庭，有小家庭。现代的社会，大家庭人多，最大的困难就是和谐不容易。小家庭因为人口少，如果住的房子大，每天面对空旷无人的家，好像没有依靠的感觉；如果住的房子小，每天面对的是坚硬冷寂的砖瓦、壁板，一样感受不到家的温馨气氛。所以即使有家，家中要有人；有人，就要能和顺。

俗语说：家不和被人欺；又说：家和万事兴。在家庭里，能够父慈子孝，能够兄友弟恭，能够夫唱妇随，所谓家人一条心，即使泥土也能变成金。

现在的家庭里，普遍存在着一些问题，诸如债台高筑、理念不同、性格怪僻、劳逸不均、自我执着等,家庭因此从安乐窝变成冷战场,从避风港变成是非地。甚至亲人不亲,家不成家,人生的意义、人生的乐趣就会因此降低、减少许多。

家是构成社会的基本单位,如果社会上家不成家,国就不成其为国。因为国家是由许多的家庭组合而成的,家庭则是由许多的人所组织而成。孔子说:"修身、齐家、治国、平天下。"修身才能齐家,家齐,才能治国平天下。

一个家庭要想"家和万事兴",必须家庭里的分子要能相互的了解、相互的体谅、相互的尊重、相互的包容。一般人都说要服务社会,为什么不从服务家庭做起呢?一般人都说要建设国家,为什么不从家庭建设做起呢?

一个爱家的人,不要为一己的利益而斤斤计较,要能为全家的分子打算;爱家的人,不要为一己之喜恶太过争执,应该以全家人的幸福安乐为前提。

《佛光菜根谭》说:"兄弟互相怨恨,受害的是父母;夫妻互相怨恨,受害的是家庭;同事互相怨恨,受害的是主管;政要互相怨恨,受害的是国家;人人互相怨恨,受害的是自己。"又说:慈悲是家庭幸福美满的动力。若要家庭好,关怀最重要。总之,若要家庭和谐安乐,家庭里要有温馨、风趣,这是重要的因素。

你我之间

　　"你我之间"就是我相、人相、众生相。因为我认不清缘分，没有把你我的关系连在一起，认为你和我是两个个体，因此我不容你，当然你也不能容我。这并非谁好谁坏的问题，只因为你我是两个不同的个体，所以我要排拒你。

　　男女结为夫妻，因为彼此认为你我是一体的，所以就会相亲相爱；兄弟姊妹由于是同一个母亲所生，所以你我就是一体的。是一体的东西，即使是身体上的烂疮烂肉，我也要好好地洗涤、敷药、包扎、爱护，让它不要受到伤害。

　　假如你不是我的，你有多好，你拥有多少的东西，因为不是我的，即使被偷被抢，与我何干？我一点也不会为你心疼。所以，人就是因为分你分我，我的不是你的，你的不是我的，才会彼此排斥、彼此相争、彼此不能同在一起。

　　假如你是我的，任何事情我都不会和你计较，我都能原谅你、体贴你、帮助你。你是我的爸爸，你打我两个耳光，我不会和你计较；你是我刚学走路的儿子，我做父亲的跪下来让你当马骑，我不但不会怨恨，而且感到很甜蜜、很欢喜。因为爸爸是我的，儿女也是我的；是"我的"，所以就能天下无事，一切平安。

假如不是我的，你给我一个眼色，我可能会给你一拳；你给我一拳，我可能会捅你一刀。一句话不喜欢听，我非得回骂过去不可；一件事我不喜欢看，我就非得给你难堪。因为你不是我的，生死与我何关？荣辱与我何干？但是只要你侵犯我一点点，我就和你誓不罢休。

我的亲人，我的朋友，我的同志，凡是我的，我会把他们都看成是好人，我喜爱他们，我帮助他们，即使再艰难困苦，我也会忍耐，因为他们和我的关系不容许我不重视这许多的因缘。

假如不是我的，你有学问，你有能力，你再多才多艺，我也会嫉妒你、批评你，因为我不容许你比我更好。最好你是不学无术、一无所用、一无是处，我反而能容许你的存在，总之，我不容许一个跟我对等的不同个体存在。

其实，人生彼此都是相关一体的，都是因缘的相互存在。"你中有我，我中有你"，人我之间是相关的、相通的。今日我不要你，不一定将来我会求你；今日我要你，你也不要排拒，将来不一定你会来求我。所以做人心胸要放宽大一些，眼光要放深远一点，要懂得人我一如，彼此相关。能够认清自己与法界众生"同体共生"，这是非常重要的。

心胸要宽大

我们赞美佛陀的伟大，都说他"心包太虚，量周沙界"。自古的圣贤明君，也都能以天下苍生为念，甚至所谓"宰相肚里能撑船"，在在说明欲成为一个伟大的人物，必须要有宽大的胸襟。

一个人的心量有多大，事业就有多大，这本来是很正常的道理。但是世界上也有一个很奇妙的现象：拥有金钱的人没有能力，拥有能力的人没有机会；心量大的人没有发展，气量狭小的人倒是很有办法。

在这个世间，如果真的有"天"的话，老天爷真是作弄人，很多胸怀群众的人，郁郁不得志；反而是那些性格暴戾、寡廉鲜耻的政客，却能身居高位，作威作福。

世间还有另外一个奇妙的现象，刻苦自励的人，他们都居住在贫瘠的土地上；富裕的大地，则往往居住着懒散的民族。

例如，沙漠的民族享有丰富的石油能源，海岛的民族拥有海洋的产物，这或许是老天爷有意想平衡这个世间吧！所以没有给予心胸宽大的人多一些资源，致使贤圣如孔孟者，虽有匡时救世的心胸，却苦无时机因缘，因为连帝王都不相信他们，因此只有随缘地"达则兼善天下，不达则独善其身"罢了！

心量大的人能包容小人，小人不能包容有心量的人，所以心胸宽大的人，也是比较吃亏。历史上有抱负的贤臣良将，往往被一些妒贤害能的小人所排斥。例如三闾大夫屈原，满腔忧时忧国的热忱，却不能见容于小人，因此最后除了投江以外，又能奈何！

我们一直为我们的社会世间叫屈，贤臣良将多遭冤屈，让他们的匡时济世之才，不能得用，殊为可惜啊！

现在社会上的各行各业，不是主管不能善用人才，就是人才不肯给无能的主管所用。尤以企业界更是普遍存在着一种现象，凡居高位者，如董事长、总经理等，多数未曾受过高等教育，反而是技术人员则大多是学有专精的人才，所以福慧不能兼具也。

所谓"道高一尺，魔高一丈"。世间的一些宵小魔鬼，他也要统理世间。小混混横行乡里，大奸巨恶操纵朝廷，让世间的忠奸善恶，永远都成了对比的战斗，苦了一些平民百姓，不容易遇到盛世明君，经常都是在群魔起舞的乱世里苟且维生。然而，转轮圣王的盛世虽然不容易重现，但我们可以寄望世间各行各业能出现一些宽宏大度的社团领袖，能够真正以社会民生的福祉为念，是则人民幸甚，国家幸甚！

爱就是尊重

人的生命从哪里来？世人立了种种的学说来加以研究、讨论，其实简单地说，生命是从"爱"而来的。

所谓"爱不重不生娑婆"，父母相爱、我爱父母，我的情识之中含藏了许多爱和不爱，所以投生到人间。

现代的社会都提倡"爱"，有爱就能走遍天下，有爱就是温暖的人间。爱，好比是日光、空气、水，没有日光、空气、水的爱，生命就无法生存了。但是，爱也要爱得正当、爱得合理、爱得尊重，否则假爱的善名，做出多少丑陋的事情。例如，有的人把爱当作执着、有的人把爱当为占有、有的人把爱当成自我、有的人把爱变为恨源。

你看，现代的青年男女，爱之则欲其生，恨之则欲其死。其实，爱是牺牲，是奉献，是珍惜，是护持。我爱财，财要能和大众分享；我爱名，名要能庇荫众人；我爱知，我要把知识传给后人；我爱情，我要把情成就你的幸福美满。

世间男女结婚，这是爱的升华、爱的圆满、爱的统一。但是，如果爱得不当，则爱如绳索，会束缚我们，使我们的身心不得自由；爱如枷锁，会锁住我们，使我们片刻不得安宁；爱如盲者，使我们陷身黑暗之中而浑然不知；爱如苦海，使我们在苦海中倾覆灭顶。

爱不是单行道，爱是双向的交流，彼此要体会对方的心。有一段趣谈：意大利人把结婚当作歌剧，法国人把结婚当作喜剧，英国人把结婚当作悲剧，美国人把结婚当作闹剧，中国人把结婚当作丑剧。

其实，爱是美的，爱是善的，爱是真的，爱也是净的，我们应该要把爱从狭义中超脱出来，不要只是爱自己、爱家人，我们更要爱社会大众、爱国家世界。

佛陀的弘法利生、示教利喜，就是爱；观世音菩萨的大慈大悲、救苦救难，就是爱。爱就是为了你好，爱你就要成全你，就要尊重你，就要给你自由，就要给你方便。

所谓"爱屋及乌"，你能把对某个人的爱，扩展到一切众生吗？我们要用慈悲去扩大所爱，我们要用智慧去净化所爱，我们要用尊重去对待所爱，我们要用牺牲去成就所爱。

人与人之间若能相亲相爱，则宇宙世间，何其宽广啊！

宗教生活

　　人，不能离开生活！为了生存，人首要追求的当然是物质生活，所谓"民以食为天"，衣食住行、穿衣吃饭的物质生活怎能缺少呢？

　　物质生活满足了，其次追求的是精神生活。例如读书、娱乐、情爱等等。

　　有了精神生活，进一步提升，则进入艺术的生活，例如：绘画、音乐、雕刻、戏剧、舞蹈、文学、乃至莳花植草、营造生活的气氛等，也就是要过艺术美的生活。

　　紧接着要追求的是宗教生活，因为物质生活、精神生活、艺术生活毕竟都还是在世间的现实生活中，如果有宗教的生活，就能升华，就会超越，就可扩大，就能感受到自己进入了无限的时空里，悠游在无对待的人我之外。

　　所谓宗教的生活，它有思想、有意境，例如慈悲威仪、禅悦为食、道德为家、正道为行。也就是让我们在世间的物用生活之外，更有未来的希望。因为衣食住行的世间生活终究是缺陷而不圆满的，宗教生活就是超越物质生活之外的信仰生活。

宗教生活对于我们生活品质的提升、人生意义的增长，关系重大。一个人如果没有精神生活，生命是枯燥的，人生是乏味的。但是有了宗教体验的人，他可以聆听大自然的音乐，他可以阅读人生百态的书籍，他会分享人我一体的感情，他用宗教体验补充了精神生活的不足。一个有宗教生活的人，基本上他就是在向真、善、美的人生迈进。

宗教的生活不是墙壁上的一幅画，它是心灵上的美感；它不是舞蹈的韵律，它是怀抱一切众生。

宗教的生活，让我们在一刹那里，可以看到无量阿僧祇劫的永恒；从一沙一石里，可以体会出无边的法界。宗教生活里，所谓一切男子是我父，一切女子是我母，所有众生都是兄弟姊妹，多么亲爱和乐的人生啊！

宗教的生活，就如佛教徒"心包太虚、量周沙界"，他把世界看成是心中的世界，他把众生看成是心内的众生。他可以转苦为乐、转邪为正、转迷为悟，所谓"转娑婆为净土"，这就是宗教的生活。

人不能缺少福德因缘，才能得以过宗教的生活。所谓"欲穷千里目，更上一层楼"。凡是想要享受解脱自在人生的人儿，何不来过宗教的生活呢！

公平与不公平

世间公平吗? 不公平! 有的人生下来就是亿万富翁的继承人, 有的人一出生就注定要与贫穷为伍, 你说何来公平之有!

世间公平吗? 很公平! 因为人天生有两个眼睛、两个耳朵、一张口、一双手、一样的头脑、一样的心灵, 和别人相比, 没有少一点, 又怎能说不公平呢?

所谓公平与不公平, 是因为人的穷通祸福, 有"自业自受"的原理。你前生在银行里的存款, 你今生还可以受用; 你前生负债累累, 今生又何能奢望拥有财富呢?

世间, 要求"齐头式"的人人平等, 这是不可能的。若从人的本位上来看, 在"立足点"的平等下, 也有富贵的人变成贫穷的, 也有贫穷的人变成富贵的。所以, 在因缘业报里, 每个人的命运都是很公平的。

有一个皇帝微服出巡, 平时过惯呼风唤雨的日子, 一旦微服在外, 无人奉承, 心中甚是不快。一日来到乡下, 见一农夫,农夫盛情地双手奉上茶水一杯。皇帝感动之余，回京后，马上差人到农夫家中，封为高官。此事为一个落第的秀才得知，心中甚为不平，于是在一间土地庙题诗曰："十年寒窗苦，不及一杯茶！"数年后，皇帝再度出巡，见到此诗，知是针对此事而题，于是不动声色地加了两行字："他才不如你，你命不如他！"

孙中山先生当初提倡革命，他曾对世界发出"以平等（公平）待我之民族"的宣言。国际上真有公平吗？今天的世界，强权就代表真理，这公平吗？法律之前，人人平等，然而没有钱，能打官司吗？在势利权威的前面，有理的小民能争平等、争公平吗？

世间要求真正的公平、平等，这是不容易的。虽然我们都希望别人以"公平"待我，然而世间有太多的遭遇都是令人不平的事。例如，真正孝养父母的子女，往往是最不受父母喜爱的孩子；真正为国为民的君子，往往也是饱受奸臣陷害、不得君王欢心的臣子。

有漏的世间法，强权使人与人之间不能公平，财富使人与人之间不能公平，智愚使人与人之间不能公平，美丑使人与人之间不能公平。其实，这只是现象上的，是不究竟的；真正追究起来，其因缘际遇必定是公平的，所以不必去怨叹公平与不公平！

有一首偈语可以提供大家参考——

心好命又好，富贵直到老。命好心不好，福变为祸兆。

心好命不好，祸转为福报。心命俱不好，遭殃且贫夭。

心可挽乎命，最要存仁道。命实造于心，吉凶惟人招。

信命不修心，阴阳恐虚矫。修心一听命，天地自相保。

立足点

　　人生要有"立足点"，你的立足点在哪里呢？我们每天在外忙碌，到了晚上总要回家，因为家就是我们的立足点；我们每天需要外出工作上班，因为上班的地方就是我们的立足点。

　　我们结交朋友，从朋友身上可以获得我所需要的知识、友谊，那都是我的立足点。我奋发工作，所得到的成就、光荣，这也都是我的立足点。

　　一个人要在世上立身处事，首先要有"立足点"。如果我没有立足点，我可能就会去侵犯你，把你的变成为我的立足点。国与国之间为何要战争？因为你的国家不是我的"立足点"，所以我要侵略你，把你的国家土地变成是我的"立足点"。团体与团体之间为什么不能合作？因为我的立足点不是你的立足点，你的立足点也不是我的立足点，所以要互相对立，各据自己的"立足点"。

　　我们在一个家庭里有了"立足点"，我们就会爱这一家人；

我们在一个团体里有了"立足点"，就能爱这个团体。一群人，在一个定点解散后各自行动，约好三天以后或者三年以后回到同一个定点集合，届时一个也不会减少，因为大家相约有了定点；定点就是大家共有的"立足点"。

飞机在空中飞行，航线就是它的"立足点"；在规定的航线上才可以起飞、降落，才不会错乱了"立足点"。火车不管行驰多远，都有起点和最后的终点站；乃至每一个中途停靠的站台，都是火车的"立足点"。船只在海洋里航行，也要有目标；因为目标就是船只的"立足点"。

树木有"根本"，它才能滋盛荣茂，"根本"就是树木的"立足点"。房屋也要建筑在适当的土地上，每一块适当的土地都是每一间房屋的立足点。

数学家阿基米德说："给我一个立足点，我就能把地球推动。"若以杆杠原理来说，一点也不错。

在人生的道上，什么才是我们真正的立足点呢？

1. 孝顺父母是我们的立足点；

2. 勤劳负责是我们的立足点；

3. 修身养性是我们的立足点；

4. 吃苦耐劳是我们的立足点；

5. 牺牲奉献是我们的立足点；

6. 尊重包容是我们的立足点；

7. 慈悲喜舍是我们的立足点；

8.正知正见是我们的立足点；

9.有规有矩是我们的立足点；

10.守法守道是我们的立足点。

提得起放得下

在现代的政治人物当中，邓小平三放三起，成为改革开放的总设计师，此乃"提得起、放得下"而能成功的明证。

所谓"提得起、放得下"，就如打井水的水桶，能够提起来，也能放下去。我们看到很多的政治人物、演艺人员，一旦不如意的时候，他就放不下。甚至一般平民百姓，在爱情上、在经商财物方面受到挫折，乃至学生考试失利了，他们就放不下。放不下自然也就提不起，因此就会觉得前途艰难，严重者甚至兴起了自杀的念头！

有一个婆罗门外道，有一次带了两个花瓶去见佛陀。佛陀一见面就叫他"放下"，婆罗门依言放下手中的花瓶。佛陀又叫他"放下"，他又放下了另一只花瓶。佛陀又说："放下！"婆罗门不解："我已经都放下了，你还要我放下什么呢？"佛陀说："我叫你放下，不是叫你放下花瓶，我是要你放下傲慢、骄瞋、嫉妒、怨恨等不善的念头与不好的情绪，都要能放下。"

一般的人你要他放下功名富贵，就已经很难了；要他放下心中的喜怒哀乐，更是不容易！现在常见各个学校的毕业典礼，校长亲为学生洗脚，这是表示校长自己能"提得起、放得下"，同时也是鼓励学生要养成谦卑的习惯。

"文化大革命"的时候，那些蹲牛棚的人，如果不能"放得下"，今日又如何能"提得起"呢？沈庆京先生一生历经发财、倒闭、坐牢，出狱后又能"东山再起"，这也是"放得下，才能再提起"的明证。

现在社会上有一句名言：放下身段！因为世间终究是"花无百日红，人无千日好"，能够放下身段，才能"放得下、提得起"。即如清朝的宣统皇帝，原为九五之尊，后来却在北京的植物园做一名园丁；如果他不能放下身段，又怎么能生存于世间呢？

做人处事应该像皮箱一样，用的时候要"提起"，不用的时候应该要"放下"。世间的功名富贵原为人人所追求，功名富贵如果能够福利人间社会，也并不是不好。但是如果因缘不具，而在失去功名富贵的时候，也要能放得下。

所谓人生要能大能小、能屈能伸、能有能无、能高能低，所以能做一个万能的人。现在的人，往往一句话他就放不下、一件事他也放不下，甚至为一个人而放不下，这都是因为心中没

欢喜用心，则时时眉开眼笑；
欢喜待人，则处处无住不利。
欢喜利世，则遍地是净莲；
欢喜修行，则满心是自在。

处事，不以聪明为先，而以尽心为要；
待人，不以利益为急，而以欢喜为上。

有承载力。如果心中宽大，有能力能够"放得下、提得起"，又
何患事业无成呢？

横竖人生

人生有两种，一种是有限的人生，数十寒暑；一种是无限的人生，是不生不灭的。佛陀有应身、有法身，应身就是具有三十二相、八十种好，也是有生灭的；法身是竖穷三际、横遍十方，是常乐我净，是不生不灭的。

我们现在虽然没有证悟到不生不灭的法身，但我们可以用法身的意义，来活用我们的人生。例如，我们可以扩大人生，只要四通八达，就能有横遍十方的人生；只要我们上下交流，就能有竖穷三际的人生。在十方世界里，有关天文、地理的知识，有关科技、哲学的智慧，甚至世界的奇人妙事、一沙一石、一草一木，都是我所要追求、探讨的知识。

所谓"竖穷三际"，对于古往今来的圣贤、君子、长者、好人好事，我都能与他们神交往来。例如现在的网络、E-mail，我独自一人，居于斗室，我就可以和普天下的人士来往，现在我们不就是已经"竖穷三际，横遍十方"了吗?

其实，"竖穷三际，横遍十方"，我们也可以把它应用在做人处事上。例如，说一句话、做一件事，如果是应该知道的所有关系人等，我都应该一一周知大家，因为不能"横遍十方"，就会有批评你的声浪纷至沓来;如果你做任何事情，应该要承上启下的，你就要去"竖穷三际"，不然就会受到许多外来的抗争、压力。

所以，做人处事，有了横的来往，还要有竖的关系;有了竖的关系，也要有横的来往。如果你懂得横的联系，也懂得竖的关怀，你才能有"横竖人生"。

美国西部城市洛杉矶，高速公路像蜘蛛网，东西南北，纵横数十条。你仔细地观察，凡是东西向的，都是双号;凡是南北行的，都是单号。尽管错综复杂，它是有规则的;因为有规则，就好像"横竖人生"，就比较周全。

过去的情报人员，有的有"横"的来往，但是比较高级的，为了安全，只有"竖"的联系。所以，当"横"的时候要"横遍十方"，当"竖"的时候要"竖穷三际"。

织布，丝线有横有竖，才能织成布匹;建房子的钢筋，有横有竖，才能牢固。人生，太胖了，从横的方向发展，自己不喜欢;如果太瘦了，从竖的方面发展，自己也不喜欢，最好能够横竖平均发展。

　　世界的空间地理，都是横的；宇宙的时间历史，都是竖的。我们能够把空间、时间，都能运用、都能注意、都能变通，那就是"横竖人生"了。

善用零碎时间

　　唐伯虎曾说，人生七十古稀，我年七十为奇，前十年幼小，后十年衰老，中间只有五十岁，一半又在夜里过去了，算来只有二十五年的岁月，当中要吃饭、拉尿，还有多少的挫折、多少的忧伤、多少的烦恼！

　　所以，就算是人生数十年寒暑，也如银行里的存款，也是有限、有量、有尽，因此要好好地利用。社会上流行一句话："分秒必争。"《普贤警众偈》亦云："是日已过，命亦随减。如少水鱼，斯有何乐？"所以，生命中的一分一秒，确实都不允许我们轻易地放过。

　　生命是可贵的，但是生命只在呼吸间，我们又怎么能不好好地利用生命中有限的时间呢？

　　如果你是家庭主妇，你每天要上市场买菜，来回路上的这些零碎时间，你是如何处理的呢？你每天要煮饭做菜、扫地洗衣，做这些家事的时候并不需要用脑费心，这时你把心安放在何处呢？你在三餐之间的时间如何打发呢？如果你能利用往来市场途中的时间，盘算家庭的经济，计划如何开源节流？或是反省自己的功过，必能增长智慧；如果你能利用刷洗碗盘、整理家务的时间念佛，正如王打铁："叮叮当当，久炼成钢；时辰已到，我往西方。"

　　如果你是一个青年学子，你早晨搭公车，或是坐火车上学，你可以利用这段时间来背诵英文单字、思维作文的腹稿。甚至在学校上课的前后时间，都能利用来思维数学的习题、思考功课的答案。如果你善于利用零碎时间，十多年的读书生涯，你将会比别人多出许多预习功课的时间。

　　如果你是一个公教人员、政治人物、经济学者、工商企业人士等，在你们上班的前后，或是处理事务的空档，甚至在三餐用饭之时，你都可以稍微用心思索自己的功过、检讨处事的得失，做好下一步的准备，也许就在这短短的几分钟里，对你的前途事业却能产生决定性的影响，发挥意想不到的贡献呢！

　　会利用时间的人，有时即使做梦也在梦中思维所闻所知。能够利用零碎时间，不但是增加工作的效率，而且也是在延长寿命啊！

生气与争气

　　人生有八苦，其中"怨憎会苦"就是遇到不如意的人、事，由心中生出怨恨、气恼，所以苦不堪言。

　　从小，老师、长者，甚至父母都对我们谆谆教诲，叫我们不要生气，然而我们几乎都是气桶子，经常要拿人、拿事来出气。例如见到你对我不友善、不尊重我，我要生气；见到你好、你荣，我要生气；见到你不同于我的思想、理念，我也要生气。你发财了，我生气；你金榜题名、功成名就，我也要生气。你对我不好，我生气；你做得太好了，我也要生气；甚至因为自己过分敏感，因此容易因为别人的一句话、一个眼色而生气。

　　生气，生气，现代人因为太容易生气了，因此社会到处充满了杀气、火气、怨气、恨气、怒气，乃至秽气、臭气，真是到处乌烟瘴气。虽然父母师长时常叫我们要"争气"，不要"生气"，可是我们遇到挫折困苦的时候，总是不能坚强忍耐，不懂得自我"争气"。

不要"生气"要"争气"，这实在是一句至理名言。所谓"争气"，不是要我们争一时之气，而要争千秋万世的正气。如文天祥的"正气歌"，鼓励人要以正气对治邪气；孟夫子说要养浩然之气，鼓励我们要以开阔的心胸来对治偏狭之气。

古来的仁人君子，我们并不以富贵名位来定其历史上的成就，而是因为他具有磅礴之气才为我们所歌颂、赞叹。

所谓争气，也就是不因一时的失败而泄气，要能力图上进；不因一时的挫折而丧气，要能奋发图强；不因一时的贫苦而壮士气短，应该要鼓舞精神，要更加争气。当一个人受到挫折委屈时，只有自己努力"争气"，能以愿心为动能，能够化悲愤为力量，才有前途未来。

一个人之所以会"生气"，主要是心里的闷气太多了，希望我们要"争气"，不要"生气"，更不要"泄气"。泄气的皮球，则什么也不必谈了，唯有自我"争气"，才能使自己立于不败之地！

要争气，就得先要有志气！立志向上，立志做人，立志争气；立志就是争气的原动力。我们如果要得不生气，就必须要"争气"；我们要想"争气"，就必得先要立志。人有志气，又何患无成呢？

思想一二三

　　人，因为有思想，因此不但能决定自己的前途，而且还能改善世界人类的生活。社会上，无论从事政治擘画，或是工商经营，或是科技研究，或是兴学育才的人，他的思想都不会只有"一"，而没有其他，所以思想便有一、二、三等的内涵和层次。

　　例如计划事业，他必须有第一案、第二案和第三案；如果与人协商议题，他会有第一步、第二步和第三步；如果在很多的人事拥有当中加以选择的话，也会有第一选择、第二选择和第三选择。甚至现在的青年读书要考取大学，他也有第一志愿、第二志愿和第三志愿。所谓"狡兔三窟"，连狡兔都有"三窟"，聪明如人类，在思想上怎么能没有一、二、三呢？

　　一、二、三是个次第，可以给我们依循；一、二、三是个空间，可以给我们选择；一、二、三让我们知道先后，一、二、三让我们知道开始。一、二、三给予人很多的方便，你得到第一名冠军，拿到金牌固然欣慰；你得到第二名，获得银牌，成为亚军也差可告慰；就算是得到第三名成为殿军，铜牌也能上台领奖。因此，每个人做事，如果在思想上能有一、二、三的次第、顺序，这不就如同拥有金、银、铜牌般的喜悦和方便吗？

战国时的田忌，和朋友赛马，每赛必输，后来特别请教于孙膑，孙膑告之曰：第一，你要以跑得最慢的马，去对对方最快的马；第二，你要以跑得最快的马，去对对方跑得普通的马；第三，你要以普通的马，去对对方跑得最慢的马。田忌听后不解，孙膑说：此乃二胜一负之道也。

比赛场中，赛马的胜负先要用你的头脑思想才能制胜。在世界上，要求全胜，要求圆满，只有"一"是不够的，应该要有"二"，还要有"三"。在世间万象上，一个政府、一个家庭、一个妻子；"一"很好，从一而终、一以贯之、一劳永逸、一举两得。但是在思想层面上便不能只有单纯的"一种"想法，应该要有思想一、二、三，如此才会更有层次，更有见解，才能更加升华、扩大。

散发魅力

　　音乐家，能用动听的歌声扣人心弦，这就是散发魅力；美术家，能用美丽的绘画引人目光，这即是展现魅力；建筑家，能用宏伟的建筑博人赞叹，这也是魅力的呈现；演说家，能用精辟的讲演令人会意，这更是魅力的传达。

　　魅力人人都有，只是表现不同。女性以婀娜多姿的仪态呈现她的婉约；男士用温文儒雅的举止展现他的修养，这也是魅力。魅力，魅力，只要有魅力，就会引起别人的注意；只要有魅力，就会成为众人瞩目的焦点。

　　所谓魅力，就是令人着迷的气质。一般人以容貌出色动人为魅力，其实精神毅力特出的人，更有魅力。

　　例如有的人谈吐幽默、诙谐风趣，让人听了如沐春风，这就是说话的魅力；有的人博学多闻，聪明睿智，可以引人入胜，这就是智慧的魅力；有的人善解人意，处处为人设想，时时流露亲和的态度，这就是他处众的魅力；有的人深具威严，能够让人心悦诚服地服从领导，这就是他具有领袖的魅力。

魅力，也是与生俱来的天赋！但是如果你感觉自己的气质、能力均不如别人，也不必泄气，你一样也可以散发自己的魅力。例如发心利人，发心就会产生魅力；待人慈悲亲切，慈悲就会增加我们的魅力。举止威仪可以增加我们的魅力，态度从容也能展现我们的魅力。魅力可以是先天的气质，魅力也可以透过后天养成。禅门祖师们一举手、一投足，一扬眉、一瞬目，都能启发学人，令人去迷开悟，其实这也就是禅者的魅力。

太阳散发热力，花朵吐露芬芳，空气洋溢清新，做人表现祥和，只要有心，哪里不能散发魅力呢？你专注工作，负责勤劳，让主管欣赏你，让同事拥戴你，这不就是有魅力的人吗？你做义工，广结善缘，让朋友喜爱你，让见者尊敬你，你不就是有魅力的人吗？

"女为悦己者容"，但是如果你经常口出怨言、满腹牢骚，不满现实，妄言东长西短，如此即使容貌再美，也不具魅力。学者专家，如果态度粗暴，心浮气躁，放言高论，议人短长，如此即使再有学识，也不算具有魅力。

你看，西方的马克·吐温、丘吉尔、华盛顿、里根，中国的诸葛亮、唐太宗、玄奘、孙中山，他们的幽默、智慧，他们的学识、涵养，从他们的身上，或许你也可以探得什么叫做魅力吧！

一时的荣耀

荣耀人人希求！学子十年寒窗苦读，主要的就是希望"金榜题名"的荣耀；奥林匹克的选手，经过多少年的苦练，也是希望赢得奖牌的荣耀。

荣耀人人希望，人人追求！但是，过分地贪着荣耀，尤其是"一时的荣耀"之后，留下万古的骂名，则是得不偿失。

袁世凯为了皇帝的尊荣，三个月就一命呜呼，而且骂名千古；孙中山只担任了三个月的中华民国大总统即辞职，至今仍被尊为国父。所以，荣耀要有持续性，明日的黄花并非荣耀；迟暮的彩云、西下的夕阳，又有什么值得留恋的呢？

白圣法师做了四十年的"中国佛教会理事长"，才圆寂几时，佛教的新生代都已不知道有此人了！而太虚、弘一等大师，至今仍然为人所津津乐道。"一时的荣耀"和"历史的成就"之不同，于此就可看出端倪了。

有的人生前荣耀，死后骂名，例如宋朝的秦桧、明朝的魏忠贤等；有的人即使生前荣耀，最后也没留下骂名，但是死后悲凉，例如九合诸侯、一匡天下的霸主齐桓公，死后竟然六十余日无人收尸，岂不悲哉！

有的人忠肝义胆，生前虽然遭遇种种的灾难，但是死后名垂青史、流芳万世，永远为后人所怀念。例如"赵氏孤儿"的赵盾一家，以及辅佐楚庄王称霸的孙叔敖，帮助秦穆公征伐西戎、扩大疆土的百里奚等，他们至今不都依然为人所称道吗？

有的人的荣耀天下皆知，有的人的荣耀只有一个人欣赏。例如，在父母的心目之中，我是一个荣耀的儿女；在夫妻相处之中，我是一个荣耀的妻子；在团体之中，我是一个荣耀的会员；在国家之中，我是一个荣耀的公民，此种荣耀不是要比一时的荣耀更有意义吗？

因发现镭而闻名全球的居里夫人，她把英国皇家协会颁发给她的奖章，当成孩子的玩具。因为她知道："一时的荣耀"不能永远守着，否则就将一事无成。

的确，不管是人或事业，不要认为过去的光荣是可以永久被肯定的，现在的成就才是重要。而"现在"马上就会成为"过去"，紧接着又有下一个"现在"！因此，我们不可以有自满的心态，"苟日新、日日新、又日新"，才能够禁得起时间的锤炼。居里夫人的洞悉世情，实在值得我们深思啊！

偶像观念

　　一些异教徒经常批评佛教是拜偶像的宗教。确实不错，佛教不但不排斥偶像的崇拜，反而鼓励人要有圣贤、偶像的观念，因为心中如果没有偶像，如何能"见贤思齐"呢？

　　历史上，多少的圣贤明君，都是我们的偶像；忠臣义士，也是我们的偶像；甚至父母师长、有德有学的朋友，都是我们的偶像。如果没有这许多的偶像，我们效法谁呢？我们的目标在哪里呢？

　　见到佛陀的圣像，我顶礼膜拜；见到耶稣的十字架，我们也给予赞美。偶像是美好的，是升华的信仰。今日的青少年，因为缺少了对领袖的崇拜，缺少了对圣贤的信仰，于是放任自己胡作非为，无法无天，这样的行为难道就能成就自己的未来吗？

　　偶像观念，其实人皆有之。一块布做成国旗，我可以为它牺牲，因为它不是一块布，它是代表我的国家。一块木材可以拿来烧火，但做成祖先的牌位，我要把它供奉起来，这就是偶像的崇拜。

　　制成了国旗的一块布，即使破烂不堪，我还是会对它肃然起敬；一块绫罗绸缎，因为它不够做成衣服，我可能舍弃不顾，因为它对我没有用。同样的布料，做成帽子就戴在头上，做成鞋子则穿在脚下；布的价值都是一样，但做成帽子或是制成鞋子，在我心中的尊卑价值就不一样了。

　　佛教在随顺世间法上，主张人要有偶像的崇拜，但在第一义谛的教义里，则没有偶像的观念。正如一个人，还没有过河前需要船筏，一旦过了河，当然就不必背着舟船走路了。

　　昔日的丹霞禅师在一间寺院里挂单，因为天气严寒，于是取下木刻的佛像来烤火，当家师一看，非常生气地斥道："你为什么烧佛像？"

　　丹霞禅师说："我在烧舍利！"

　　"胡说！木头的佛像哪里有舍利"？

　　"既没有舍利，要它何用？那就多拿一些来取暖吧"！

　　保护佛像的当家师并没有认识佛性，烧佛像取舍利的丹霞禅师，反而才是认识佛陀的人。

　　所谓偶像，不在外面，而是建立在我们的心上！外面的偶像只是为了启发、建立我们心中的偶像，因为所谓的"偶像"，可以让我见贤思齐！所以佛教是拜偶像的，佛教也是超越偶像的，因为真正的偶像，其实还是我们自己！

勤劳，是成功的种子；欢喜，是幸福的泉源；
清净，是智慧的门户；奉献，是道德的阶梯。

欢喜不欢喜只在一念之间，到人间来做人要欢喜，
不要把忧愁传染给别人，要为自他制造欢喜的乐趣，
把欢喜布满人间。

以身作则

语云:"身教重于言教。"在各种的教育法当中,最好的教育就是"以身作则"。自己不能以身作则,如何要求别人呢?

富兰克林说:"一个良好的示范,才是最佳的训词。"王阳明先生有一次领导学生在街上行走,听到两个妇女在路边吵架,甲妇骂乙妇:"你没有良心!"乙妇说:"你不讲天理!"甲妇回曰:"你才没有天理呢!"王阳明闻言,对身边的学生说,小子,你们来听道呀!学生说,老师,他们是在相骂,不是在讲道呀!王阳明说:"曰天理,曰良心,非讲道而何?"王阳明最后解释说,天理良心用来要求别人是相骂,要求自己,就是讲道!

所以,"以身作则"才是教育;要求别人,就非教育之道也!

季康问政于孔子,孔子对曰:"政者,正也,子帅以正,孰敢不正?"这个意思就是说,只要在上位的领导人行得正、做得正,当然下面的风气也会正了。

一场战争,身为指挥的将领能够"身先士卒",才能胜利;

做老师的讲学讲道，要能"躬身实践"，才能为学生所信服。父母长辈教育子弟都要"以身作则"，如果父母天天在外应酬不回家吃饭，却叫儿女天天待在家里，儿女怎肯听话？父母如果烟酒样样齐来，却叫儿女不准抽烟喝酒，儿女怎肯服气？

现在很多的青少年行为偏差，其实也不完全是青少年的罪过，做父母的也应该检讨。例如父母说谎，却叫儿女诚实；父母自私悭吝，却叫儿女要服务奉献，儿女怎肯听话呢？

一个学生在学校里偷了同学的铅笔，老师认为这种偷盗的行为很不好，就向家长反应。家长即刻给儿子两个耳光，指着儿子骂道："你真是莫名其妙！你要铅笔，我可以从办公室带回一打给你，为什么你要偷同学的？"像这样子的教育，怎么能教出行为正派的儿女呢？

现在社会上的政治人物，贪赃枉法，如何叫老百姓守法？从政的人员官僚自大，民间的风气怎么会端正善良呢？

已经证悟了的佛陀，他曾经亲自为疾病的弟子倒茶端药，也曾为年老的弟子穿针引线，这都是"以身作则"，可谓慈悲助人的典范；甚至到了八十高龄，仍然在外托钵乞食，精勤不已，如此身教，弟子怎么会不精勤修道呢？

所谓"上行下效"，能够"以身作则"，才能为人模范，才能做好领导！

功过论

　　世间，有些事有时候看似"有功"，实则"有过"；有时候看似"有过"，实则"有功"；有时候"无功无过"，有时候"有过有功"。功过之间，有的"功少过多"、有的"功多过少"，功过实在难有定论也！

　　功和过不是一时可以论定，也不是一人、一处可以论定；功和过必须经得起时间和空间的考验，才能加以论定。

　　大抵上说，在时空上经得起考验的，往往"先有过，而后有功"；能福利当代者，往往"先有功，而后有过"。可以说，世间凡一切事物，大都是功过皆有。例如利刃可以杀人，也可以切菜；枪炮可以毁灭世界，也能维持和平。砒霜毒药能害人，然而对高明的医师而言，它也能"以毒攻毒"来救人；再好的营养品吃多了，或是吃得不对，也会产生副作用，此即所谓"法非善恶，善恶是法"。

　　世间的人，大都讲"盖棺论定"。然而有的人身居高位，即使有过，大家也不敢举发，只有在他的暴政迫害下，忍气吞声地苟且偷安；有的人虽然功在社稷，由于当政者不喜欢，旁人也不敢推荐。如此"好人不敢推荐，坏人不敢举发"，实在是功过不明啊！

发明铁路，这应该有功了吧！可是出了车祸，怎么办？飞机轮船，日行千万里，对时人贡献不可谓不大，然而船难、空难时有所闻，又当如何论之？所以是功是过，往往难有定论，因为世间都是有漏法，并不究竟。兹举数则事例，提供参考：

一、秦始皇广征民夫，大筑长城，当时天怒人怨，纷纷指为史无前例的暴君苛政。然而时至今日，长城已成为举世惊叹的伟大建筑，据说，从月球上鸟瞰地球，唯一看得到的建筑物，独长城与金字塔尔！

二、董仲舒罢黜百家，独尊儒术，时人莫不以其为中华文化奠定了以礼以孝立国的礼仪之邦而自豪。然而若从另一个角度来看，如果当时没有罢黜百家，今天的中华文化也许更能展现百家争鸣、万花齐放的局面，也许我们的社会将会更进步、更开放呢！

三、武则天杀女废子，篡位为帝，后世皆以其淫乱而唾弃之，然而其所建立的盛唐治绩，难道不值得歌颂？

历史上许多的帝王将相、文人士子，他们对国家民族所造成的功与过，虽然有的时至今日还是难有定论，但可以肯定的是，决策者的一言一行、一举一动，往往关乎亿万生灵的生死安危与福祉，岂可不慎！甚至小小的一名记者，如果一言不慎，其"过"将会持续很久。因为文字恒在世间留传，更是不能不谨言慎行啊！

主角与配角

　　数十年前，奥斯卡电影金像奖，以及台湾的电影金马奖、电视金钟奖，都有最佳导演、最佳男主角、最佳女主角、最佳编剧、最佳音效等奖项。近年来，已经进步到除了最佳导演等奖以外，还有最佳男配角、最佳女配角。

　　所谓主角，并不代表身份的高低。例如"桃园三结义"中，刘、关、张并非主角，而以出谋擘画、开创鼎足之势的诸葛孔明为要角；《西厢记》中，张生、崔莺莺也不是主角，穿针引线的红娘才是全剧的灵魂人物。宋仁宗被喻为是历史上的一代明君，但是宋仁宗之世，至今依然为时人所歌颂的是包青天。所谓"人生如戏，戏如人生"。在现实生活中，主角者不一定要做大人物，只要能把自己的身份恰如其分地扮演好，配角也就是主角。

　　配角其实也不必然就一定会比主角差。在如戏的人生中，能把配角扮演好，也是非常不易。

有人说，伟大的男人背后必有一个贤惠的妻子；伟大的男人是主角，贤惠的女人是配角。其实不然，如果照因果法则而论，没有好的配角，可能也不会有好的主角。

荷花虽好，还需绿叶陪衬。我们对世间的人物，尤其是纵横政坛的政治人物，或是活跃在舞台上的演艺人员，我们不但要欣赏主角的风采，更要肯定配角的能耐。

你看，一个公司里，董事长好当，总经理难为，此即主角易做，配角不易为也。多少的人民团体，理事长好做，秘书长难为，此即配角之可贵也。

其实，能当主角的人，也要能当配角；既然能当配角，也要能当主角。一个有为的人，角色要能互换；有为的父母是家庭的主角，儿女长大了，青年儿女即成为主角。所以，我们希望能成为主角固然很好，不能扮演主角，那就安分地做个称职的配角，这也是相当可贵的啊！

蒲团上的体验

　　过去帝王时代，臣民要向皇帝行叩拜礼；中国的民间，拜年、拜寿、拜双亲长辈时，也都是行叩拜礼。

　　既然要叩拜，就离开不了蒲团，所以不只是寺庙，即使是一般的居家，在佛堂里也都设有蒲团、拜垫，以供行礼如仪。

　　近代由于社会变迁，人民用现代的礼仪握手、鞠躬、敬礼，已经不用蒲团。但是在佛寺道场里，一般僧伽、信徒，还是要用蒲团来和诸佛菩萨交流、接心。

　　一个对宗教没有信仰的人士，对于礼拜的礼仪认为是匪夷所思；然而对于一个有信仰的教徒，他可以利用蒲团打坐、静心。从古以来，蒲团上成就了多少的悟者，多少人利用蒲团忏悔，洗去身心的污秽、罪业，获得了心灵的解脱。更有些人，透过礼拜跟佛菩萨接心，把礼拜当为书信、当成电话、当做信息网络，使凡夫和佛心通达无碍。

　　一个小小的蒲团，原来是升华人格、提高精神世界、自我省思、和诸佛菩萨交会的道场。

蒲团虽是用来礼拜的，但礼拜也有多种的层次，也就是依身心的清净、虔诚与否，分出七种礼佛之法，即：我慢礼、求名礼、身心礼、发智清净礼、遍入法界礼、正观修诚礼、实相平等礼。

在诸佛菩萨座前的蒲团上，凡是信者，彼此并没有尊卑之分，一律都是要向佛菩萨交心、表诚、顶礼、膜拜。

中国古代虔信佛的帝王，如梁武帝、隋文帝、武则天等，每逢重大法会，必定亲自到场观礼、礼佛。印度的波斯匿王因为遇佛必拜，大臣们不以为然，认为国王的头尊贵无比，为什么要向诸佛菩萨叩头礼拜？波斯匿王为了让群臣了解礼拜的意义，便命人到囚牢之中，提取一名死囚的头到民间叫卖，说是波斯匿王的头，只要一百元。民众一听是波斯匿王的头，个个惊恐，家家闭门不出。后来，波斯匿王又命人拿着猪头出去叫卖，一个二百元，一时大家纷纷抢购。这时波斯匿王对着群臣说："你们看，你们认为国王的头珍贵无比，实际上却远不及一个猪头宝贵呢！"

世间，凡是成熟的稻穗，头都是低垂的；一个人能有蒲团上的体验，也才会懂得谦虚、礼敬、低头，继而以一种更开阔的心胸来面对世事如幻的人生。

自杀的结果

　　自杀的结果是什么？不容置疑地说：是痛苦！

　　人为什么要自杀呢？必定是遇到痛苦、羞辱、难关，不得已想要用死来获得解决问题。其实，自杀不但不能解决问题，反而衍生更多、更大的痛苦。

　　自杀，是自私的行为，自杀者以为可以"一死了之"，其实留下了难以排解的问题和痛苦给朋友、家人，令生者情何以堪！

　　自杀是弱者的行为，因为世间没有解决不了的问题，为什么要用自杀来逃避问题呢？有了问题，可以请长者开导，请朋友建言，请家人帮助，为什么要自杀呢？真是懦弱到极点！

　　自杀是愚昧的行为，自杀者，一定对问题想不开，这就是愚昧。因为愚昧无明，因为不明白人生的真谛，因为一时心结解不开，因此以自杀来逃避现实。

　　自杀是苦上加苦的行为，因为自杀者不但是肉体上的痛苦，也会增加心灵上的折磨。

　　自杀者，如果死后无知，何必以自杀来了结生命？自杀后如果有知，回首往事，难道就不苦了吗？

　　在《自杀的真相》一书中说，自杀者所感受的痛苦，非笔墨所能形容。例如投河窒息而死者，江水急进，肺气外逼，内外交攻，苦痛不堪；自缢而死者，气管闭塞，血流逆行，身如刀割，继而浑身麻痹，痛苦万状；服食农药、盐酸等药品中毒而死者，五脏坏烂，极痛难忍；服食安眠药而死者，头眩气促，五脏翻搅，有时暂时停止呼吸，心脏也停止跳动，与死无异，可是经过一段时间，悠悠醒来，却早已入殓，欲出无门，于是辗转棺木之中，恐惧痛苦而死。

　　自杀的人有的是因为生意失败、情场失意、理想失落，或因意外灾变，在失去所有、一切皆空的情况下，因为受不了"无"，故以自杀来求得解脱。

　　然而，社会上也有很多人因为有烦恼、有压力、有责任、有欲望、有得失等等，因为太多的"有"推不开，于是以自杀来逃避现实。

　　其实，自杀也是杀生，业报很重。佛教讲善终，能够善终，才能往生善道，才能得到真正的解脱。

　　自杀是对生命意义无知的表现，是弱者的行为；世界上最残忍的事，就是把一个生命结束，尤其是结束自己的生命。

　　佛教讲"无常"，面对困难、挫折，只要我们肯改善因缘，一切都会过去；只要我们肯改变现状，自能迎向美好的未来，这也是生命的可贵之处。希望我们都能善自珍重自他的生命，好好地活出希望、活出自在、活出平安、活出光明。

粥中有道

宋朝名相范仲淹，年轻时家贫，苦读三年，每日以馕粥果腹，终得有成，他说："粥中有道。"

佛教的《摩诃僧祇律》说"粥有十利"，已为大家耳熟能详。十利就是：姿色丰满、增加气力、补元益寿、安乐柔软、辞辩清楚、喉舌滋润、容易消化、老病适宜、消渴解饥、调和气色。

有一首打油诗：

煮饭何如煮粥强？好同儿女细商量。
一升可作三升用，两日堪为六日粮。
有客只须添水火，无钱不必做羹汤。
莫嫌淡泊少滋味，淡泊之中滋味长。

在过去中国农村社会，贫穷之家大都有吃粥的经验；甚至能用白米煮粥，也大为不易，大都是豆类、杂粮煮成。东汉光武帝刘秀，平乱于饶阳无蒌亭时，天寒地冻，粮食不继，大将冯异弄来一碗豆粥进献，饥寒俱解。刘秀后得天下，下诏赏赐冯异。

现在由于经济生活提升，家家户户早餐不是牛奶面包，就是果汁鸡蛋，很少有人吃粥了。偶尔吃一顿清粥稀饭，还是人人喜欢；尤其老年人或病愈之后，大部分都很欢喜以清粥作为主要饮食。甚至现在有一些文人雅士，组成"粥会"，以示风雅。所以物质本身没有好坏，在于各人的需要。

一般人平时莫不小心地维护自己的健康，有时候偶有微疾，有的人用医药治疗，有的人利用物理治疗，有的人透过运动治疗，甚至还有心理治疗法。其实在诸多的治疗当中，饮食治疗也是极其重要的，饮食治疗就是首重吃粥。

中国古代战乱频仍，每逢兵荒马乱，或遇水灾、干旱时节，慈善人士就以施粥救人，作为善举，中国人就在这样的情况下获得救济。

现在的富贵人家，每日饱食大餐之余，偶尔吃吃清粥小菜，佐以酱瓜、豆腐乳，不但可以增强自己的食欲，更能唤起吃粥的苦难记忆，藉以培养忧患意识，增加慈悲善念，净化社会的善良风气。

因此，今日社会，如果家庭团体，大家都能提倡食粥，不但节省宴会开支，又能过清贫淡泊的生活，必能增加品德，这不就是"粥中有道"之明证吗？

事业要交棒

服务政府机关的公教人员，都有退休的制度，达到退休年限，就应该交棒；活跃在体坛上的运动选手，尤其受体能的限制，年龄一到，更要交棒，以便更新进步、保持团队的活力与朝气。

中国人对于交棒的观念比较淡泊。例如古代的皇帝，总要等到老死以后，才有子孙争相接棒；现在部分团体的负责人，乃至家族的长辈，不但不肯交棒，诚如李敖先生所说："他还要给你当头一棒！"

在我们的社会里，因为缺乏交棒的观念，所谓"多年媳妇熬成婆"，到了交棒的时候，不但交棒者本身年纪老大，接棒的人往往也是已近黄昏之龄了。当一个人在青壮年意气飞扬、精神奋发的时候，一直在高压之下，不得发挥，就如奴才一样驯服、忠诚，又如绵羊一样柔顺、听话；等到长辈欣赏你是乖乖牌，于是才逐渐分你一杯羹，然而此时有的人连一杯羹都吃不动了，你还寄望他能有所作为吗？

近年来，国民党在台湾地区的选举，选况一日不如一日，这都是因为没有交棒的计划。对于优秀的人才，他不但不提出计划，让你循序接棒，反而让大家明争暗斗，各自较量，等到拼得你死我活，都还不知上意属谁？所以"鹬蚌相争"，当然其他的党派就能"渔翁得利"了。

关于交棒的问题，等于一场四百公尺的田径接力赛，即使你跑完了自己这一棒之后还有余力，但是如果你不交棒，也是不合运动的规则，只有交棒让后继者更加冲刺，才能争取胜利。

世间，没有个人可以独力完成的事，凡事都必须集体创作，众缘所成；世间事也不是一期的生命就能把一切做好，必须靠代代相传。有传承的事业，才能长远；没有传承的事业，总是昙花一现。能够不断地交棒，不断地接力，才有无穷的希望。

佛教的传灯，即含有交棒和接棒的意义。每一个宗派里，每一代的祖师，都是代代相传。即使是美国总统，也有第一任、第二任、第三任，乃至第十任……一人得以连选几任，也必须受宪法的限制。

说到交棒，中国古代的政治，传贤不传子，是为公天下；今日开明的企业领导人，也都能传给有为的干部，而非一定传给自己的亲属。

佛教的十方丛林，住持之职也都是"传位传贤"，故能接引十方，广纳贤良。今日社会，要想进步、繁荣，未来应该考虑交棒时，要学习无私地传贤，要懂得提早地交棒，如此不但有助于人才的提携及经验的传承，尤其对社会的安定、和谐，必能产生正面的影响与贡献。

生死一如

现代社会的发展，一日千里。在各项进步当中，有一项非常可喜、可贵的现象，那就是"生死学"，不但受到社会大众的关心，甚至热心研究。

生死，这是人人都免不了的问题，然而过去大家一直都忌讳而避开不谈。不过到了现在，大都已能坦然地面对生死，而且不但不再逃避，反而有心来揭开生死的面纱。

在古老的观念里，生之可喜，死则可悲。当人之生也，弄璋弄瓦，皆在庆贺之内；一旦撒手人寰，即呼天喊地，万分地感伤悲泣。其实，当人出生之时，就注定了死是必然的结果；所以人之生也，都要死亡，又有何可喜呢？当人之死也，如冬天去了，春天还会再来，死又有何悲呢？生死是一体的，不是两个，生了要死，死了还会再生，所谓生生死死、死死生生，循环不已，生也不足为喜，死也不足为悲啊！

人之死亡，如住久了的房子，一旦朽坏，就要拆除重建，才有新屋可住。当新居落成之时，这是可喜呢？还是可悲呢？一部旧的汽车，将要淘汰换新，当换一部新车之时，我们是欢喜呢？还是悲伤呢？老朽的身体像房屋乔迁，像破落的汽车汰旧更新，这是正常的过程，应该可喜，不是可悲！

人之惧死，就是认为"生可见，死是灭"，所以灭之可悲也！其实，人之生命如杯水，茶杯跌坏了不可复原，水流到桌上、地下，可以用抹布擦拭，重新装回茶杯里。茶杯虽然不能复原，但生命之水却一滴也不会少。

人之身体，又如木材；木材烧火，一根接着一根，纵然木材不同，但是生命之火，仍会一直延续不断。

信仰佛教，并非就没有了生死问题，只是要人勘破生死！生死是再自然不过的事，即使是佛陀，也要"有缘佛出世，无缘佛入灭。来为众生来，去为众生去"！

人生世缘已了，随着自然而去；重重无尽的未来，也会随着因缘而来。能把生死看成是如如不二，生又有何喜？死又何足为悲呢？

集体创作

　　语云："独木不成林。"一部汽车，需要引擎、马达、轮胎、座椅、钣金等零件组合，才能出厂上路。一栋大楼，要有工程师、建筑师、泥水土木等工程人员共同建造，才能矗立落成。一份报纸，要靠编辑、记者、发行、印刷工人等通力合作，才能出报。一个节目，制作人、导演、编剧、演员等，缺一不可。一个政府，需要内政、外交、财经、教育、国防等各部、各会的多少人才，集体创作，国家才能健全发展。一个人，要靠口鼻呼吸、肠胃消化、心脏制造血液供应全身细胞的代谢之外，手要动，脚要走，眼、耳、鼻、舌、身等六根合作，身体才能运作。人也是集体创作的成果，甚至一花一木，要靠风霜雨露的滋长；一砖一瓦，也要地、水、火、风，四大和合，才能成就。

　　集体创作就是因缘所生法，若无因缘，一切均不得成。如果没有集体创作，一个机器少了一根螺丝钉，即使再伟大，也没有用。所以，集体创作中没有"你大我小"，各个皆重要。

五官的斗争，无用的眉毛也有大用；集体创作要养成尊重别人、赞美别人的贡献，要能功成不居。

一场篮球赛，单打独斗会输，要靠前锋后卫相互合作，集体创作，才能制胜；羽毛球比赛，即使是两人单打，也需要教练、裁判，以及许多人供应场地、球具等所需，才能赛成。

沙石水泥，经过混合才能坚固；五指合成拳头，才有力量。集体创作中，我是众中的一个，我不是全部。全部叫做因缘，没有个人。

集体创作是大众，没有个人；集体创作是共有，没有个人；集体创作是真理，真理不是一，一即一切，一切即一，相辅相成。

现代社会重视"集体创作"，个人一枝独秀的成就毕竟有限，集合大众的智慧，可以缔造更大的成果。所以在工作时与别人接触，要互相尊重与包容，凡事要以"办好事情"为前提。

"历史"，有的时候固然应该写下标榜个人功勋伟业的"断代史"，以为嘉勉；但我们更应该鼓励集体生命接力共成的"创作史"。

"集体创作"不外方法要集中、观念要沟通，主管必须要有属下的拥护，属下必须服从主管领导。能够"互相成就"，才能发挥"集体创作"，才能共成共荣。

拒绝的艺术

　　你曾经被人拒绝过吗？当下的时候是觉得释然呢？还是难堪呢？一个好的主管，一个能干的人才，不轻易拒绝别人；即使拒绝，也要有替代，因为要懂得"拒绝的艺术"。

　　当我们对别人有所要求，或者与人沟通的时候，如果对方都能爽快地承诺，我们必定心生欢喜；如果对方一再刁难，这个不行，那个不好，我们一定会感到此人顽固，不通人情，不好合作。

　　拒绝人情，拒绝因缘，主要是由于能力、慈悲、道德不够，能干的人决不轻易拒绝。父母承诺儿女的要求，只要是善事、好事，何必拒绝呢？即使事出有因，不得不拒绝，也要解释得让儿女欢喜，让儿女了解，才能达到拒绝的效果。

　　现在的某些政府机关，人民有时候要求父母官方便允准所求，大多数的官员都会肆意拒绝，甚至态度恶劣，作威作福，好像不加以拒绝，便不像个做官的。因为一些官员喜欢"以磨人为快乐之本"，造成了官民之间的距离愈来愈大。

拒绝要有代替，因为拒绝是很难堪的事！所以我们应该要学会拒绝的艺术。例如，不要立刻拒绝，不要轻易拒绝，不要生气拒绝，不要随便拒绝，不要无情拒绝，不要傲慢拒绝。

如果真是不得不拒绝的时候，也要注意维护对方的尊严。例如语言要婉转、态度要和善，最好脸带微笑，让对方了解你的真诚、你的善意。

此外，拒绝时，如果能够有另外的替代方案，例如部属要求安装冷气，至少你可以给他一台电风扇；朋友希望你送她一盆玫瑰花，至少你可以送她一盆蔷薇。能够有替代、有出路、有帮助的拒绝，必能获得对方的谅解。

人们彼此之间，若能凡事多为他人着想，多给别人留一些余地、一些包容、一些方便，少一分拒绝、少一点难堪，必能赢得别人的爱护。反之，一个人如果总是轻易地拒绝一些因缘、机会，久而久之自然就会失去一切。因此，做人不要轻易拒绝别人，而要能随顺因缘，如此必能拥有更多学习、成长的机会。

不轻易拒绝别人，肯给别人多一些因缘，自己会获益更多！

器官移植

　　佛教里有一段寓言说：有一个旅行的人，错过了住宿的旅店，便以荒郊野外的土地庙作为歇脚之所。岂知半夜三更，忽然见一小鬼背着一个死尸进来。旅人大惊：我遇到鬼了！就在此时，忽然又见一大鬼走来，指着小鬼曰："你把我的尸体背来，为何？"小鬼说："这是我的，怎么可以说是你的！"两人争论不休，旅人惊恐觳觫，小鬼一见："哟，神桌下还住有一人！"当即说道："出来，不要怕，为我们做个见证，这个死尸究竟是谁的？"旅人心想，看来今日难逃一劫，横竖会死，不如说句真话："这个尸体是小鬼的！"大鬼一听，大怒，即刻上前把旅人的左手折断，两口三口吃入肚内。小鬼一看，此人助我，怎可不管？即刻从尸体上扳下左手接上。大鬼仍然生气，再把右手三口两口吃完，小鬼又将死尸的右手接回旅人的身上。总之，大鬼吃了旅人的手，小鬼就从尸体接回手；大鬼吃了旅人的脚，小鬼就从尸体接回脚。一阵恶作剧之后，二鬼呼啸而去，留下旅人茫然自问："我是谁？"

这是佛经中的一则寓言故事，主旨虽然是在阐述"四大本空，五蕴非我"，但是故事的情节有点像今日的器官移植了。

器官移植，是近代医学科技的一大成就。器官移植让许多生命垂危的人，得以延续躯体生命；也让捐赠者的慈悲精神得以传世。器官移植是内财的布施，佛陀当初割肉喂鹰、舍身饲虎，所谓"难行能行，难忍能忍"，两千多年前佛陀已经为我们做了一个最好的示范。到了今天，对于即将朽去的身体，难道我们还不可以废物利用，还不舍得遗爱人间吗？

当你捐出一个眼角膜，就能把光明带给别人；当你捐他一个心脏，就能给他生命的动力；当你捐赠骨髓，就是把生命之流，流入他人的生命之中。器官移植，带给别人生机，也是自我生命的延续。

器官移植，打破了人我的界限，破除了全尸的迷信，实践了慈悲的胸怀，体现了同体共生的生命。只要有愿心，人人皆可捐赠器官；透过器官移植，让我们把慈悲、爱心，无限地延续、流传吧！

拙处力行

"巧"与"拙",一般人皆喜欢巧,不喜欢拙。

但是,巧言令色、巧诈虚伪、巧取豪夺、投机取巧,巧得心机太深,巧得花样太多,不但不能让人欣赏,反而令人感到可怕。所以,不是真正的"巧",不如"拙"比较好。"拙"就是实在、至诚、本分,就是按部就班地"拙处力行"。

郑板桥一生服膺"难得糊涂"的人生哲学,此即所谓"取巧"不如"养拙"。一个人若能"心细身拙",有时候更比灵巧重要。

"巧"来自于"拙","巧"要能巧得"妙"、巧得"奇"。例如:把"笨手"变成"巧手",把"愚言"变成"巧言",把"邪思"变成"巧思",把"恶计"变成"巧计",甚至"巧学"、"巧心"、"巧行",乃至做一个"巧妇"、"巧匠"、"巧人"等。但是,如果不能"巧",则还是"拙处力行"来得踏实。

俗云"熟能生巧,勤能补拙"。世间没有一步登天的好事,凡事都必须按部就班、力行实践。所谓"一步一脚印"、"万丈高楼平地起",如果基础不扎实,或是懈怠疏懒,则如气功师练功,一日不练,十日无功;十日不练,百日无功;时断时续,断送气功。如果是钢琴家,则一天不练,自己知道;两天不练,同行知道;三天不练,外行知道。如果是一个作家,也要勤于写作才能进步,否则写作不勤,就会一日不写,笔重十斤;两日不写,笔重百斤;三日不写,笔重千斤;久不动笔,笔重万斤。一旦"笔重万斤",则表示不能再写作了。

所谓"养成大拙方为巧,学到愚时才是贤",要得巧功,必先付出许多笨拙的苦功。现代人不注意"拙处力行",例如军队未能刻苦训练,怎能沙场取胜?学子不用心苦读,怎能金榜题名?科学家也是要经过百千次的实验,才能有所发明;工程师绘图,也是要不厌其烦地修改,才有傲人之作传世。

真正的笨拙就是灵巧的根基,真正的灵巧是从笨拙中增长的。所以,修行的人不要希望当生成就;是薄地凡夫,哪能容易立地成佛?农夫种植,也要一铲一锄地耕耘;机纺巧织,也要一经一纬地纺纱。速成的东西总不能持久,能从"拙处力行",做人才能弥久芬芳,做事才能历久成功。

心中的本尊

　　各宗教的信徒对自己的信仰，必定人人都有他心中的本尊！例如，佛教以佛陀为本尊，基督教以耶稣为本尊，伊斯兰教以穆罕默德为本尊，天主教以上帝为本尊，道教以太上老君为本尊，儒教以孔子为本尊；乃至一般的民间信仰，也各以天公、城隍、妈祖，甚至土地公为各自的本尊。

　　这许多的本尊，是不是只照顾他的子民，对其他的众生就一概不顾了呢？果真如此，还能称为是人类的救主吗？

　　我想，各宗教的本尊，所以能成为一教之主，必然不会如他的信徒那样偏狭的肚量；他一定能对所有的子民，不分彼此，一视同仁地照顾到所有的有情众生，所以他才能成圣成贤，成为本尊。否则，分彼分此，亦如凡人，又如党派的领袖、帮派的首领，哪里能成为宗教的圣主呢？

　　如果是一个凡人，因为能力有限，他亲其亲、疏其疏，信与不信，恩怨分明。由于他心小力弱，构成不了对他人的危害。如果真的能成为神通广大的教主，却仇视其他宗教的信徒，如此则其他宗教的信者，不都成为他脚下的冤魂了吗？

有些宗教徒，常常渲染、夸示他们的本尊是如何神通广大，如何地法力无边，如何地手拿刀剑，如何地勇猛传教，如何地坑死不信者，如何地鼓起世间的斗争等；正如中国的封神榜里，元始天尊、太上老君、太乙真人、北斗星君，彼此互相厮杀得一塌糊涂。

其实，这许多的神明，如果真的是仙君、真人，他们救人救世都来不及了，哪里会互相厮杀？每日仇视斗争，与世又有何益呢？

所以，今日时代的文明，文化的进步，各个宗教的信徒，应该从"排他尊我"的心性中解放出来。张家、李家的父母，虽不是我的父母，我也会尊一声李伯伯、张伯伯，而不会像仇人那样，相见分外眼红。同样的，李伯伯、张伯伯必然也会以同样的心情，视我如子弟。

遗憾的是，现在一些狭隘的信仰者，就如王家的儿女，一定要否定张家的叔叔、李家的伯伯，甚至李家、张家的兄弟姊妹；如此信仰，难道是他们的本尊所示意？

各个宗教的信仰者，彼此应该不是仇人。信仰纵有不同，但是既然同为有信仰的人士，就应该有信仰的情谊、信仰的认知、信仰的雅量、信仰的互助。

　　所以，现在各个宗教之间的对话，已经成为风气，狭隘的信徒们，你们还要强烈地发起宗教的仇视和斗争吗？

一水四见

　　唯识家说：宇宙山河都是唯识所现、唯心所变。有一个"一水四见"的论点可资佐证。

　　水，为所有众生所共见。无论海洋、江河、溪流，在人类看来，它就是水；但在天人所见，水是琉璃；如系饿鬼所见，则为浓血；对鱼虾来说，则是家居天堂。

　　为什么人类所见的是水，而天人所见为琉璃、饿鬼则见为浓血，对鱼虾而言，则又成了家居天堂呢？这就是众生各自的业感不同，故在果报上便有这许多的差异。就如每个人对酸甜苦辣各有爱好，喜欢吃酸的人，他觉得酸的滋味甜美无比；不敢吃酸的人，则难以入口。又如臭豆腐、榴莲，好之者视为人间美味，恶之者食之难以下咽。羊肉腥膻，爱之者美味佳肴；不习惯者，掩鼻作呕。人的大便，自解者认为臭不可闻，而在犬类则视同珍馐美食。各类众生由于业力不同，所见所爱，就有不同的感受。

世界上所有一切众生，有种种性、种种行、种种色、种种爱、种种心等种种的不同。你看，若论学问，有的人喜爱文学、有的人偏好哲学、有的人醉心艺术、有的人神往科学。在居住环境的选择上，有的人雅好山居、有的人爱住水边、有的人热爱田园、有的人向往都市。甚至有的人发愤读书，有的人拼命赚钱，有的人热衷政治，有的人倾心宗教。所以在种种的不同中，没有谁好谁坏，应该让大家"一水四见"，彼此同在。

现在的父母常常以自己的喜好来要求子女，这就如同对一个不能吃辣的人，硬叫他吃辣；不喜欢吃甜的人，硬叫他吃甜点。又如一个喜爱居住都市的人，硬叫他与自然为伍；喜欢居住山林水边的人，硬叫他在都市里生活；此皆违反个性，强人所难，自然难有好的结果。又例如一个女性，有的讲究穿着，不重视饮食；有的偏好美食，不重居住环境；有的人在意家居品质，但不看重衣食的华美！所以禅门鼓励人要随缘放旷、任性逍遥。能够各得其所、各适其性，不是非常美好吗？

君子与小人

人有多种，有好人坏人，有善人恶人，有士农工商、军警政经，甚至有智愚贤不肖之各种人等，但大体上可以分为君子与小人。

何以名为君子？何以名为小人？君子有成人之美，小人有助人为恶；君子坦荡荡，无所不可告人，小人长戚戚，凡事不愿与人知。

《佛光菜根谭》说："君子从不伤害别人，小人从不谴责自己。小人以己之过为人之过，每怨天而尤人；君子以人之过为己之过，每反躬而责己。迁善则其德日新，是称君子；饰过则其恶弥著，斯谓小人。小人固当远，然亦不可显为仇敌；君子固当亲，然亦不可曲为附合。"

所谓君子，大都光明正大，所谓小人，大都偷鸡摸狗；君子诚而有信，小人伪而不真，此皆君子与小人之别也！做君子或做小人，就在于每一个人的发心与愿力。

世间，有时候有一些人看似君子，其实是乃小人；有些人看似粗俗，实际上是正人君子。朋友中如果都是君子，他不但能和你同甘共苦、荣辱与共，他还会雪中送炭；朋友中如果都是一些小人，他会吹捧逢迎、势利伪装，当你有了苦难的时候，他甚至会对你落井下石。人都希望和君子来往，远离小人。当你在与人相处的时候，其实也不难从这些方面去认识君子或小人。

所谓与君子交，其淡如水，因淡而久；与小人交，其甜如蜜，但因蜜而不长久。《孔子家语》说："与善人居，如入芝兰之室，久而不闻其香，即与之化矣；与不善人居，如入鲍鱼之肆，久而不闻其臭，亦与之化矣。"因为和君子之交，开始很难，但善于后；与小人交，最初容易，但难于终。

我们在社会上，做人处事，各种利害得失，如果对方是君子，则后果不会有危险；但对方如果是小人，则后果难以逆料。

跟小人做朋友，如一把秤，你有名位权势，他则俯首低头地奉承你；你如果没有名位权势，他则昂昂乎，目中无人；与小人交，又如鲜花，你美丽鲜艳的时候，他把你插在头上，如果你萎谢凋零，他就把你弃之于地，视你如无物。

现在我们如何择君子而交往？这就要看他的人格、道德、慈悲、诚信；我们要如何防患与小人交往？小人往往无品、少德、悭吝、虚伪。所以，君子与小人，不难知也！有道、无道，有法、无法，这就是君子与小人之别也。

苦甘的先后

你吃过面包吗？有的人习惯把面包的边缘吃完，再吃面包的中心，这是有"先苦后甘"的观念；有的人先吃中心，再吃边皮，此人有"先甘后苦"的性格。

也有的人吃饭的时候，把不合口味的菜肴先吃，把喜欢吃的留到后面慢慢品尝，这就是"先苦后甘"型的人。但也有人把好吃的狼吞虎咽吃完，再来吃次等的菜饭，此即是"先甘后苦"的人生。

"先耕耘，而后才有收获"，这是宇宙间不变的因果法则。耕耘总是辛苦的，收获则是甘甜的。凡是"先苦后甘"的人，必定后力无穷，渐入佳境。这就如同品尝橄榄，先涩后甘；又如倒吃甘蔗，愈吃愈甜。

但是也有一种人，吃甘蔗时不但专捡甜的先吃，而且把皮、节随便丢弃，这种不知惜福爱物、不懂节约日用的人，一旦苦难来临，往往适应困难，生存不易，因为"由俭入奢易，由奢入俭难"，这也是人性之常。

世界上的各个民族，由于地理文化不同，各自的习性、作风也大异其趣。有的民族，只要今天领了薪水，明天便不肯再去上班，非得等到薪水吃喝享乐用尽以后，他才会再继续工作；此即百年人生，希望一日过完。反观中华民族的习性，一日所得，总希望留待百年受用；若说世界上最懂得"未雨绸缪"、最善于储备不时之需的民族，想必唯中华民族最能体会也。

其实，每个人都有每个人不同的想法与观念。例如，有的人愿意把自己的所有，跟朋友分享；有的人有了好吃、好用的东西，就会想到要留与父母、兄弟姊妹共享。有的人对于自己所拥有的一切，只想到留给后代子孙；有的人则把财产捐给社会公益团体，为的是希望把自己的爱心扩大泽及国家社会。

所谓"少小不努力，老大徒伤悲"。有的人从小承受了先人的遗产庇荫，终日游手好闲，不肯努力上进；一旦家产败光，一文不名，老来穷途潦倒，备尝老况凄凉的滋味，这就是"先甘后苦"的人生。因此，留给子孙最好的遗产，其实不是房屋、田产，也不是公司、股票，而是勤劳奋发、积极进取的人生观。

一个人只要肯脚踏实地，不怕吃苦，不怕辛劳，将来必能出人头地。因为"勤劳精进，受苦一时，将来享乐无尽；懈怠偷懒，苟安一时，将来受苦无穷"。

　　因此，佛经有所谓四种人生：先冥后明、先明后冥、先冥后冥、先明后明。也就是说，你要过"先苦后甘"的人生呢？还是"先甘后苦"的人生呢？有识之士，岂能不思之、念之！

蜈蚣论

网络上有一则趣谈：有一个地方，正在召开昆虫大会。会议进行到一半，汽水没有了，大家商议着叫谁去买。蜈蚣自告奋勇，愿意领命前往。蜈蚣去了许久，迟迟不见回来，大家心急，找人前去察看。哪知大门一开，却见蜈蚣还蹲在门口穿鞋子，因为它有一百只脚。

这一则网络新闻，是在取笑行政机构对于许多的议案，口头上说要做要做，却迟迟不见结果，就如蜈蚣的脚太多，穿鞋子的时间太长，真是叫人难以苟同。

这段事情，又让人联想起现在的社会，有时候光是开会，但是会而不议，议而不决，决而不行，就如蜈蚣穿鞋子；甚至也有的人，学而不说，说而不做，做而不管结果，也如蜈蚣穿鞋子。

几十年前，有人谈到行政效率时说：德国人做了不说，日本人边说边做，中国人说而不做，这都是由于民族性使然。就如小学课本里的"龟兔赛跑"，由于兔子傲慢懈怠，一直不跑，当然就被乌龟超前了。又如甲乙二人朝山，富人甲说，反正坐车子很快，明年再去；结果明年又明年，过了许多年以后，甲依然未成行，贫人乙却不到一年就徒步朝山而归了。

世间事，说道一丈，不如行道一尺；蜗牛的效率，早就被人淘汰了。现在这个时代，讲究的是速度；飞机讲快，火车讲快，汽车也讲快。快，表示性能好；快，表示有价值。凡事不快而缓慢，不管人也好，物也好，总会被淘汰的。

有一个艺术家，雕塑一件艺术品，一月而成；另有一人，三年未成。老板质问他，怎么一件东西需要雕那么久？他反而责问老板：艺术品有时间吗？

艺术品也要有时间，没有时间，今生看不到，有什么用？

现在的社会，讲人生，他有经济的人生，每天用多少钱，每月用多少钱，每年用多少钱，都要按收入来计算。讲工作，也都要有计划，一小时做多少事，一天做多少事，一月能做多少事；工作不讲效率，拖延再拖延，等于国防，飞机炮弹都已经打到头顶了，我们还在研究作战计划呢？

同样开设工厂，这一个工厂不要嫉妒那一个工厂赚钱，这个事业也不要嫉妒那一个事业发展，你要看人家的时间效率。即使是修行的人，也有所谓的"克期取证"，不容许你慢慢地因循。

　　因此，面对有限的人生岁月，我们要凡事快速成办，不能像蜈蚣穿鞋子，浪费了太多宝贵的时间喔!

清贫思想

佛教对出家的子弟，一向提倡"安贫乐道"、"少欲知足"。然而过去因为过分强调"清贫思想"，所以造成佛教徒对苦行的执着。其实，人生如果过分崇尚享乐主义，过分热烘烘的，固然会迷失自己；如果过分执着苦行，显得冷冰冰的，也会麻木自己。

所以，"清贫思想"的真义，应该是要我们过一种中道的生活。也就是在欲乐的前面，要有简单朴实的观念；在苦行的时候，要有人间法喜的性格。

现在的社会，可以说已到了物欲横流的地步，大家纷纷向"钱"看齐，生活里奢靡浪费、纸醉金迷，不知自己已做了物质的奴隶。所谓"清贫思想"，就是要我们找回自己心灵的富有，让心灵与大自然契合。让我们认识到：人生在世，需要什么，也不需要什么！因为三千大千世界都在我的心中，我拥有世界，夫复何求！所以，"清贫思想"是一种观念的播种，是唤起全人类的觉醒，也可以说是扭转社会乱源的一帖良药。

说到"清贫思想"，释迦牟尼佛可以说是"清贫思想"的实践者。他放弃王宫荣华富贵的享受，过着出家三衣一钵、云水行脚的生活，看起来他好像什么也没有，实际上他拥有了宇宙万有。

德蕾莎修女说："拥有贫穷是我最大的骄傲。""清贫思想"也不一定是"一无所有"。真正的"无"，"无"中才能生"有"，"无"才能无量、无尽。

经典云："知足者虽卧地下，亦如天堂；不知足者，虽居天堂，亦如地狱。""清贫思想"就是知足的生活；"清贫思想"是积极的观念，是自我主宰的生活，是清心寡欲、安然自在的人生。

一个人在物质生活上如果能淡泊知足，才能不为形役；在心性上对于功名、富贵、人情不要太热衷，把身心安住在淡泊中，精神才会更升华。现在世间到处充满了贫穷的富人，虽然金钱富有，但因为不能满足，所以精神上是贫穷的。能够通达"清贫思想"的人，虽然贫穷，他也能享受满足的人生，所以"清贫思想"是简单朴实的生活形态，而不是贫穷。"清贫思想"才是真正富有的享受。

魔鬼与天使

　　西方有一个画家，想要画一幅耶稣的画像，于是在全世界许以重金，希望找一个庄严、圣洁，貌似耶稣的人当模特儿，经过一番努力，终于完成画作。

　　数年后，有人说，虽然耶稣的画像如此圣洁，如果能再画一幅魔鬼的画像来对照比较，更能强烈地对比善恶。画家于是又再四处寻找一个面貌丑陋的坏人。后来听说在某监狱里有一个暴徒，杀盗淫妄，无恶不作，面目狰狞，好似魔鬼。画家经与狱方协商，获准让这个犯人当作模特儿。在作画的过程中，画家觉得此人似乎十分面善，相谈之下得知，原来当年画耶稣像的模特儿正是此人。因为当时获得一笔优渥的奖金，从此生活糜烂，挥霍无度，狂放任性，终致锒铛入狱。画家听后，除了替囚犯感到惋惜以外，也深深地慨叹：原来圣者与魔鬼都是人所扮演的啊！

　　在佛教也有一个类似的故事。舍利弗尊者见过一位久未谋面的朋友，发现老友面现凶相，惊问何故？朋友说，最近正在雕刻一尊罗刹鬼面。舍利弗告之：因雕刻魔鬼，长期观想罗刹狰狞面孔，因此现出丑陋之相；若能改雕佛像，心中充满慈悲祥和，自能令人身心庄严，岂不更好？朋友闻后，果真改雕佛像。数年后，心地一改、面相一变，而成慈悲之相，人皆乐于亲近。

所谓"诚于衷，形于外"，一切都是唯识所变、唯心所现。《大乘起信论》的"一心开二门"："心真如门"即佛性，"心生灭门"即凡夫也。

是佛还是凡夫，都存于一心；心中有天堂的圣者，心中也有地狱的魔鬼。我们每天在天堂地狱中不知来回多少次？在魔鬼、圣者中也不知升沉凡几？我们的心中具足十法界；在十法界中，人是升沉的枢纽，因为人之上有佛、菩萨、缘觉、声闻；人之下有地狱、饿鬼、畜生。

我们立身世间，能以佛心待人，则世界也会跟着我们转成佛界；我们若以魔鬼的心处世，世间也会成为魔界。佛、魔存乎一心，你要做佛，还是做魔呢？可不慎哉！

忙与闲

你的生活是忙，还是闲呢？

忙与闲是两种迥然不同的生活方式。有的人喜欢忙，愈忙愈奋发，愈忙愈有精神；把忙看成是动力、是营养，认为安闲是偷懒、是懈怠、是无所事事，与死亡无异。但也有人认为闲是放下、是清净、是自在、是修养；认为忙是对世间的爱好、是执着，是做工作的奴隶。

也有的人忙中有闲，例如劳工要求周休二日，或者力争每日上班八小时；甚至有的人在忙碌工作中，他希望喝茶看报，他想办法借机出差，总希望忙中偷闲。也有的人闲得发慌，闲得不自在，因此自己出钱出力去拜托别人给他一份工作，无非是希望用忙碌来打发时间。

忙是法喜、忙是发心、忙是进步、忙是安住。从"忙"当中，我们可以体会生命的价值和工作的意义。忙也让我们获得许多知识，认识很多朋友，结下许多善缘。

　　然而"忙"也有不同的层次，有的人为了一家老小的生活而忙，有的人为社会的富乐而忙，有的人忙着替人排难解纷，有的人忙着扶弱济贫。

　　我们看到飞机场、火车站里，每天人来人往，他们必定是忙人。只不过有的为名，有的为利，有的为情，有的为爱；当然，也有的人像孔子周游列国、像佛陀到处行脚。他们传播和平的福音，穿梭于人群之间；也有人宣扬真理，云水在世界各地，每天为己忙，也为人忙，更为世忙。

　　有的人以忙为乐，以忙为喜，恨不得一天能再增加二十四小时，以供自己忙碌；有的人闲得无以维持生活，只想别人来救济，只想希图别人的赏赐，宁可伸手向人企求，也不肯自己去劳动。

　　忙固然苦，闲何尝不苦？与其闲着无事苦，不若忙碌较有意义。忙，是身心最滋养的补品；忙，更为今生和来世播下善美的种子。人的生命有限，因此我们要尽量使自己忙起来；因为忙，才会进步，才能成就。

　　其实，说忙说闲，不过是事相上的对待，若能理事圆融，则虽忙犹闲。最好能够在忙碌的时候有空闲的心情，在空闲的时候要有忙碌的感受，能够"心闲人不闲，人忙心不忙"，才是最好的生活态度。

人类要达到真正的和平幸福，必须让大家「皆大欢喜」。

而要事事「皆大欢喜」，

则有赖当事者抱持「皆大欢喜」的诚意，

多方沟通，费心协调。

心如田地，好的田地生产好的农产品，坏的工厂只会污染环境。

因此，我们要保有一颗清净、慈悲、善良、欢喜的心，才能创造快乐给人。

一步一脚印

　　"一步一脚印"，这是现代流行的语言，尤其每到竞选时期，总不乏有部分的候选人一再强调，自己是"一步一脚印"走出来的，表示自己是脚踏实地型、是苦干实干型的人物。

　　"一步一脚印"其实是说明每一个人曾经留下的历史，不容抹煞；"一步一脚印"是勉励一个人，曾经有过的努力成就，自然会看在社会大众的眼中；"一步一脚印"是记录一个人在磨难中，奋发向前、向上、向真善美的过程中，所留下的痕迹。所以"一步一脚印"不是自己说了算数，而是要经过大众的公认、肯定。

　　过去有人说，路是人走出来的；人生就是要靠"一步一脚印"，才能把路走出来。人在走路的时候，一定要先放弃后面的一步，才能向前一步。如果你一直停滞不前，不肯将脚步提起，不肯向前跨出，你怎么会有前途呢？唯有不断地放弃后面的一步，才能走向前途。

　　俗语说："不怕慢，只怕站。"多少的人因为固执、因为保守，没有"一步一脚印"，怎么能有成就呢？

　　有人说："我走过的桥，比你走过路还多。"人生漫漫长途，走过长远的路固然很好，但是你留下了什么脚印呢？你曾经想过吗？你走出的是泥泞里的脚印，还是沙土里的脚印呢？是荆棘里的脚印、凹凸不平的脚印，还是康庄大道上的脚印呢？

　　"一步一脚印"，有的人在前面走着，后面有人在跟着；有的人在前面走着，后面有人在看着；有的人在前面走着，后面有人在赞美着；还有的人在前面走着，后面有人在责难、在批评。

　　"一步一脚印"，你留下的是什么脚印呢？家庭里，子女在看着父母的脚印；学校里，学生在看着老师的脚印；公司里，部下在看着长官的脚印；国家里，全国的人民在看着政要、学者、专家的脚印。

　　聪明的人儿，你检查过自己的脚印吗？你有慈悲的脚印吗？你有智慧的脚印吗？你有惭愧的脚印吗？你有感恩的脚印吗？你有圣贤志士的脚印吗？你有光明磊落的脚印吗？

　　世间，没有通往成功的电梯，你必须"一步一脚印"地拾级而上。历史，就是前人"一步一脚印"所留下的足迹，我们踏着前人的足迹前进；未来，我们也应该为后人留下典范，让我们的脚步引导下一代，"一步一脚印"地走向光明的未来。

不耐他荣

　　有一个老和尚，双腿有关节炎的毛病，疼痛难耐的时候就需要有人帮忙按摩。师父规定大徒弟按摩左腿，小徒弟按摩右腿。当大徒弟按摩的时候，师父就夸奖小徒弟的右腿按摩得怎么好、怎么好！大徒弟听了当然心里不高兴。当小徒弟来按摩的时候，师父又说："你的师兄按摩的左腿怎么好，怎么好！"小徒弟听了也不欢喜。有一天，小徒弟不在家，大徒弟心想：把你按摩的右腿打断，让你回来没有腿可以按摩。小徒弟回来，一看自己按摩的腿没有了，心想这必定是师兄搞的鬼，于是也把师兄按摩的左腿打断。其结果是，徒弟彼此不喜欢别人比自己好，因此师父受害了。

　　"见不得人好"，就是"不耐他荣"，这是一般人常有的毛病。看到人家跌倒了，却在一旁哈哈大笑，这是"幸灾乐祸"的心里；看到别人升官发财了，心里面酸溜溜的，这就是"不耐他荣"。

不耐他荣，就会生起嫉妒的心。嫉妒，如一把双刃的刀，不仅伤害了别人，同时也会伤及自己。

为什么不耐他荣呢？由于自己不肯输给别人，由于自己心量太小，由于不懂得别人的荣耀，我们自己也可以沾光、分享。例如，你建百货公司，我不但可以去买东西，我也可以去吹吹冷气；你有电视机，我可以在一旁观赏节目。你升官了，我有事可以请你帮忙；你发财开了工厂，我可以到里面找个工作。你伟大，我可以说你是我的同乡、我的同学，你和我都是中国人；你荣，对我有什么不好呢？

平时我们结交朋友，对于"不耐他荣"的人不能与之相交，因为一旦你获得荣耀了，他就会嫉妒你；如果你的长官是个器量狭小的人，你也不能在他的面前表现荣耀，否则他会不欢喜你。

有爱心的人，才能欢喜别人的荣耀；有度量的人，才能分享别人的成就。例如父母不嫉妒儿女，一心一意培育优秀的子弟；老师不嫉妒学生，所谓"没有状元老师，只有状元学生"。如此才能造就杰出的青年。

因此，我们要养成"见好随喜"、"见能赞叹"、"见美说好"、"见善宣扬"的美德。看别人的成就，即是我们的成就；对别人的荣耀，视同我们的荣耀。能够放大心量，做个"能耐他荣"的人，岂不善哉！

耕耘心田

　　家有良田可以积谷防饥！田地一直是中国人命脉之所系，中国人视田地为生存的根本，把田地当成传家之宝，父母总想留几块田地给子孙。遗憾的是，有些不肖子孙不易体会先人的苦心，往往不懂得耕耘田地，或让田地荒芜，或把土地廉价出售，殊为可惜！

　　外界的田地需要耕耘、需要种植，其实我们的内心也称作"心田"、"心地"，也有待我们去开发、耕耘。

　　我们怎么耕耘自己的心田呢？在佛教里有一句很美的好话，叫做"发心"，也就是要开发我们的心地，种植我们的心田。

　　在现实生活里，勤劳的人甚至用土石填海，增加海埔新生地；透过垦荒辟地，开发山林来种植花果。

　　在一般的田地里，可以播种、可以栽植、可以建筑、可以积物。在我们的心田里，我们如何耕耘？我们应该培植一些什么呢？

耕耘心田的方法，可以用思维、观照、反省、静心、念佛，也可以透过禅定、参究、忏悔、发愿等。心外的田地容易耕种，心内的田地不易耕耘，唯有发心立愿，才能耕耘我们内在的心地。

有一天，佛陀出外行脚托钵，遇到一位婆罗门正在田里耕种。婆罗门见了佛陀，即刻向前质问："佛陀，你为何不自己耕种，为何不以自己的劳力来换取生活所需呢？"佛陀含笑回答："我时时刻刻都不忘辛勤耕耘啊！"婆罗门不解："我何曾看过你用犁、轭、铲来耕种呢？"佛陀慈悲地说："众生都是我的田地，信心就是我的种子，善法就是露水，智慧是阳光，持戒是我的犁，精进不懈是我选的牛，正念是系牛的绳，真理是我握的柄，身口意三业烦恼是我要铲除的秽草，不生不灭永恒的净乐是我耕耘收获的果实。"

语云："心田不长无明草，性地常开智慧花。"胡适之也说："要怎么收获，就必须先怎么栽植。"你希望你心田里成长是慈悲智慧，还是愚痴邪见呢？就看你如何耕耘你的心田了！

你希望你的心田里生长出聪明、灵巧、颖悟、通达，你只要播撒智慧的种子，何患无成？如果你希望能收成人缘、吉祥、平安、顺利的果实，你只要播撒慈悲的种子，必能如愿！

心里的田地要开发才能播种、才能生长、才能收成。要用

增上的愿力来开发心田，要用出离的愿力来耕耘心田，要用菩提的愿力来播种心田。每个人的心里都有慈悲、智慧、信仰、力量、惭愧等宝藏；"耕耘心田"就是要发心待人慈悲、发心精进修行、发心改变气质、发心减少烦恼。愿意"耕耘心田"的人，才能找回自性，才能迈向佛道！

家有聚宝盆

你家中想要拥有聚宝盆吗？分如下几点给你建议，提供参考：

第一，精神行为上的聚宝盆：

1.勤劳。精勤劳动，才有财富；财富不会无缘无故地随潮水而来，即使随潮水而来，也要你早起在涨潮的时候，才能捞起它。

2.节俭。物力维艰，节俭不浪费，才能有财富。

3.惜物。惜福爱物，别人用一年的东西，由于我的保养、爱护，我家的东西可以用上三年、五年、七年、八年，甚至十年而不坏，这就是无形的财富。

4.计划。所谓"穿不穷、用不穷，算盘不到一世穷"。有计划，则不乱；有预算，则不穷。经济上能量入为出，有计划地开源节流，就是财富。

第二，家中人事的聚宝盆：

1.男丁有事业。家中的男性人士，每个人都要能创业。

2.女性有工作。家中的妇女，每人都有工作，都能当职业妇女。

3.老人退而不休。家中的老人虽是退休了，身体、智慧正是臻于成熟的阶段，所以退而不休更能成事。

4.青年半工半读。现在讲究自力更生，凡家中青年，不要事不关己，要主动关心家务、经济，要知道生活艰难，将来才有大用。

第三，家中土地的聚宝盆：

1.良田数亩有种植。家中有一些土地，可以用以耕种，不要任其荒废，有春耕、夏耘，才有秋收、冬藏。

2.后院有树长水果。后院如有空地，可种植果树三五株，让它经常开花结果，使家居生活生气盎然。

3.屋前绿化花常开。如果屋前有空地，要加以绿化，可种植一些红花绿树，使其经常开花绿化，不但增加家庭的美化，更增社区的好评。

4.家中客厅有副业。家中客厅除了会客以外，还能充当一些副业的加工所，如电子配件、衣服加工、机械组合、童玩加工等。

第四，成员人体的聚宝盆：

1.头脑智慧生财富。智慧就是财富，智慧的财富比劳力更多。

2.眼慈手快乐善施。布施播种看起来是给人，实际上自己收获最多。

3.心明慧巧成好事。心里要明白自己，要有灵巧的智慧，给予人家的好因好缘，促成人间的好事。

4.良言好语结善缘。以良言好语帮助别人，广结善缘。

人有个身体，身体本来就是宝藏，只要把六根好好地运用，就是财富不尽。因此，"家有聚宝盆"，只要你能好好运用，家中的人、事、地、物，到处都有财宝，你怎能不好好利用呢？

学徒性格

中国自古以来就有"学徒"的制度，学徒制度为社会成就了多少人才，所以过去的父母教育儿女，都要儿女先有"学徒"的性格！

所谓学徒的性格，就是要经得起别人的教导、别人的责怪、别人的斥骂，所谓"不经一番寒彻骨，哪得梅花扑鼻香"？

一个青少年初出社会，当他还在学徒的阶段，父母都会鼓励他，要能"吃得苦中苦，方为人上人"。不当"学徒"，不能忍耐，不能受苦，他日如何能够"出师"呢？

有人问台塑公司的董事长王永庆："成功最重要的条件是什么？"他回答说："刻苦耐劳，从基层做起。"因此在台塑招考员工时，即使是大专的新进人员，都得接受为期六个月的轮班训练，这就是要养成他们有"学徒的性格"；凡所有受训的人员，都必须从操作、打包、搬运、保养等最基层的工作做起，这一切无非是要训练他们吃苦耐劳的精神，并且培养坚强的实力基础，要他们做一个好的"学徒"。

一九八七年，震旦企业的创办人陈永泰先生，突破一般企业传统的接班模式，把董事长位置交给毫无亲戚关系的郭进财，此事引起企业界相当大的震撼。郭进财先生在进入震旦行之初，就是从最基层的推销员做起，因为表现优异，十数年中逐步升任为总经理、常务董事到董事长。可见一个人只要肯脚踏实地地做，学徒也能成为大老板。

美国总统胡佛，苦学出身。当他从大学矿科毕业后，自愿先从采矿工人做起，他认为这是认识工作、汲取实际经验的最好方法。后来果真以他丰富的经验与上进心，一路受到主管赏识，最终不但自创国际矿业公司，甚至累积多年的声望而被选为总统。

一间房子要盖得好，地基要牢固；一个运动员球要打得好，基本动作要纯熟。能受苦、能耐劳，这是成功的基础；一个人要成功，必须从基层做起。所以，无论做什么事，能从"学徒"做起，才能稳扎根基，才能立于不败之地。

空的真理

佛教的真理，用二个字表达，是"缘起"；用一个字表达，是"空"。

有人问：什么是"空"？我们可以告诉他，电视机本来什么都没有，但是开关一开，一百多个频道，里面有话剧，有歌舞，有世界史，有山川河流，万有俱全。

当初佛光山遍地荆棘丛生，原本空旷的荒野，曾几何时，如今殿堂林立、佛寺经声，这不是"空中生妙有"吗？

一般人以为"空"是"空空如也"，是"无"的意思。其实，"空"是建立"有"，不空就没有，茶杯不空怎么能装茶水呢？荷包不空怎么能装钱财物品呢？房子不空，怎么能住人呢？土地不空，怎么能建设房子呢？所以说："空即是有，有即是空。"

所谓"有即是空"，房子"有"，但是房子会坏，坏了不就"空"了吗？电视机里的节目"有"，但是电视机关了不就是

"空"了吗？所以佛教说"空有不二"。

"空"的道理是宇宙的真体，"空"的生活就是美妙的生活。人如果要享受"空"的美妙生活，就先要把自己的心胸扩大成为"虚空"。虚空能容万物，万物并不妨碍虚空。正如一首形容弥勒菩萨的偈语云："大肚能容，了却世间多少事？笑口常开，笑尽人间古今愁！"

优婆先那比丘尼是证悟空理的圣者，一朝被毒蛇咬了身体，她既不恐怖，也不痛苦。她对大家说：我是证悟空性的人，毒蛇能咬我的身体，它怎能咬"空"呢？

"空"是宇宙万有的本体，不会为万物所坏。我们的生存就要仰赖"空理"：鼻孔要"空"，才能呼吸；耳朵要"空"，才能听声音；五脏六腑要"空"，才能健康；"不空"就没有办法生存了。

《般若心经》说：能照见五蕴皆"空"，就能度一切苦厄。我空与心空，则无烦恼的障碍；凡事能够退一步想，自然海阔天空。

因此，人生在世，话不可说尽，路不可走尽，凡事留个空间，才有转寰的余地。只要我们心中有慈悲、有智慧，"妙有"就可升华为"真空"；只要心中有社会、有大众，"真空"就能发挥出"妙有"，这就是"空"的真理。

行走山河

　　路，是人走出来的！巍峨的高山，有人可以爬上去；辽阔的江海，也有人可以渡过去。

　　所谓"读书要超万卷，走路要遍五洲。求知要明真理，用心要怀山河"。现在是个信息发达的时代，已经不容"坐井观天"，更不能在框框里生活。人要经历时空，走遍山河，才能成为饱学之士。

　　千古以来，能够走遍千山万水的人，有僧侣的云水行脚、寻师访道；有探险家的航海登峰，找寻人所不知、人所未到的地方；有军人的出战绝域，冒险犯难开疆拓土；更有经商的行伍，带动经济的发展、文化的交流。这许多行走山河的人物，都值得我们歌颂、赞扬。

　　山河，是大自然无限的宝藏！高山上，不但有参天古木、矿产丰饶，更有各种飞禽走兽栖息其间；江海里，也有鱼虾贝类、珊瑚珍珠等资源无限。如果说自然界的天是父亲，地是母亲，那么群山峰峦是父母的骨架，江海河流是父母的血液，我们想要认识我们的父母，就要从行走山河开始，在山河里成长，在山河里拥有世界。

云贵、西藏地区之少数民族，他们征服高山，以高山为家；欧美的人士，也以攀登高山作为训练青少年意志的课程。地球上，海洋比陆地更宽广，征服海洋的人更能拥有世界。现代的青年应该学习大丈夫志在四方，应该走出歌舞酒家的场所，应该去行走山河，与高山海洋为伍。

我们读历史，看到张骞出使番邦绝地，岳飞行军八千里路云和月，唐三藏横渡八百里流沙，东晋法显与海水搏斗。甚至根据唐德刚教授的研究，东晋时代的慧深法师早已到过美洲西海岸，故而时至今日，墨西哥有一个城镇，居民大部分信仰佛教。

十五世纪因为有欧洲人哥伦布的游历探险，才发现了美洲新大陆；十六世纪葡萄牙人麦哲伦横渡太平洋，故而发现了菲律宾群岛；十八世纪库克船长发现了澳洲大陆的东海岸；明朝的郑和下南洋，足迹已到了今之马来西亚，如果当时他能继续向南前进，可能今天的澳洲就是中国的版图了。

古诗有云："三山六水一分田。"意即地球上有三分是山岳，六分是海洋，只有一分是平地，所以现在的青少年要有征服海洋的志愿，也要有登高山而小天下的抱负。

现在的旅行事业发达，现代人出外旅行大都是住观光饭

赵大亨花圃春晖

「人事」是一门很大的艺术，
伸拳不打笑脸人。
微笑是室内的阳光：依此待人处事，
就不会失去原则。

雨后的彩虹，正因为它能包容各种不同的色彩，
故能展现美丽的「七彩虹」。
人，总要别人的帮助，才能生存，
因此要懂得相互扶持；
能有「同体共生」的认知，才能共存共荣。

店，并以汽车代步，每到一处山明水秀的地方便忙着照相；如此的观光不要说征服山河不可能，行走山河也是不大容易。

山河是人间珍贵的资源，现代青少年如果没有行走山河的精神，只是在象牙塔里发为言论，如此想要有一番发展，恐怕难矣哉！

所谓"山川之美，古来共谈"。杜甫的《望岳》诗云："岱宗夫如何？齐鲁青未了。造化钟神秀，阴阳割昏晓。荡胸生层云，决眦入归鸟。会当凌绝顶，一览众山小。"诗中气魄雄浑，荡人心弦，可供今日青少年参考。

昂首与低头

走出家门，你在社会上做人处事，是昂首，还是低头呢？

如果为了个人一己的利益，做人处事要谦虚低头，必能受人尊重。但是如果为了国家社会、团体大众的利益，必须要懂得顾及国家的尊严、团体的利益，如此才算完成使命。

晏子出使楚国，因其矮小，楚王刻意请他从旁边的矮门进入。晏子不肯，他说：臣使大国，应走大门；若使小国，即走狗门。因为自己身负国家使臣的重任，所以昂首阔步，不辱国家的尊严。

诸葛孔明，在刘备困处荆州时，他奉命出使吴国，舌战群儒，志气昂扬，说理精辟，掷地铿锵，终能完成任务。

蔺相如的"完璧归赵"，机智勇敢，不卑不亢；苏秦、张仪的"合纵连横"，在国家间捭阖纵横，不可一世。

反观清朝年间的鸦片战争，林则徐每与外国人士谈判，昂昂乎，巍巍乎，义正词严。但是换了别的大臣，因为过分卑躬屈膝，甚至签订了"巴黎和会二十一条"，更加丧权辱国。

所以，欲成风云人物，要能进退有据。不当的昂首，显得傲慢；不当的低头，太过自卑。重要的是，当昂首时要昂首，当低头时要低头。

佛光山净土洞窟内有一道大门，高只四尺，我们五尺以上之躯，要想进入，必须低头。此即养成世人在圣贤、真理之前，必须要懂得谦卑。

有人问西方哲学家：宇宙有多高？哲学家答曰："四尺高！"因为要让五尺之躯的世人，必须弯腰低头，才能生存于其中啊！

语云："要成功，何妨低头；为处世，必须忍耐。"社会上，多少商业的谈判，多少纠纷的处理，因为居间谈判者能屈能伸，反而容易获得成功。

树木花草都是向上生长，但是成熟的葵花，头是低垂的；成熟的稻穗，也是低垂着头。成熟的人生，往往懂得当低头时低头，当昂首时昂首。

军队在操场上训练，长官都一直鼓励他们要挺起胸膛，要抬头挺胸，要迈开大步，要正步向前。但是一旦到了沙场战争，一定要弯腰匍匐前进，才能克敌制胜。

所以人生在世，当昂首时要昂首，当低头时要低头。而且在昂首的时候要懂得谦卑，在低头时要知道尊严，如此才能不失去自我的中道人生。

心中有人

我们的心中，拥有什么呢？

有的人心中只有钱财，他把财富看得比天地还大，当然金钱的重要就超过了道义。有的人眼中只看到名位，一心一意只想如何提高自己的名位，他视名位为唯一的追求，至于道德、人格如何，则丝毫不在意、不计较。有的人心中自私，只有我，没有人，心中没有人，自己还是个人吗？

有一位老奶奶听《金刚经》说："无我相、无人相、无众生相、无寿者相。"她即提出异议："无我相"则可，怎能"无人相"呢？

人所以不能成功，不能成就大事业，大都是因为他总把"我"抬得比"人"重要。假如能把别人看成比自我重要，所谓"得人者昌"，何患事业不成呢？

有一个长辈教育子孙，他不是教他们学问，而是教他们认识社会上各行各业，乃至各个领域里的专家学者们各有何专长。例如：政论界的学者，哪些人有什么专长？经济学者，哪些人有什么杰出成就？甚至于文学、科学、医学、史学、哲学等各界中，各有哪些学有专精的专业人士。为什么呢？主要就是让他们认识各家的菁英，成为心中的人物。继而又教育子孙要牢记人名，一千个、两千个，甚至几万个，主要的都是要让子孙心中有千军万马。心中有人，还怕没有事业吗？

宋朝名相吕蒙正，每与人谈话，总不忘记问他有没有认识什么人才；如有的话，则马上记入随身的小手册里，然后适时地推荐给朝廷去适才适用。

今日的社会，凡是身为领导者，他口袋里的小册子都有很多的人名。其实，记不得人名固然不好，记在小册子里也没有用，最好"心中有人"，才是重要。

"三人行，必有我师焉"！心中有人还不够，还要会用人。所谓"愚者千虑必有一得"，心中有人，又会用人，那么即使是残兵败卒，也能成为战场上的常胜军。

《金刚经》说的"无人相、无我相、无众生相、无寿者相"，这是觉悟者体悟法界平等的最高境界。但是在世间法当中，你可以"无我相"，但不能"目中无人"，更不能"心中无人"。所以，还是让我们在心中建立"人相"吧！

福报漏了

我们赚得的钱财，把它放在口袋里，口袋有缺口，钱财漏了；我们积聚的东西，把它放在箱子或篮子里，箱子或篮子有洞，我们的东西漏了。有的人修福积功德，牺牲奉献，但是如果不懂得"摄心守意"，让身、口、意有了缺漏，善行义举也会随着缺口漏了，殊为可惜。

有的人布施行善，只是布施的时候，心不甘、情不愿，让受者的尊严受到伤害，对方不但不感谢你的施予，反而因为你的语言行为刻薄，因此怀恨在心，如此纵有善行，布施的功德也会漏了。

你帮人忙，协助别人做了多少好事，但是你一直抬高自己，自我膨胀，别人不服气，反而对你嗤议，这就是你的功德有漏了。

有人信仰宗教，受到信仰的熏陶，也懂得要说好话、做好事、存好心，如此积聚很多的功德福报。但是在某一种情况之下，稍遇逆境，他就大发牢骚，心生怨恨，感觉懊恼，甚至口不择言、怨天尤人，他的义行福报就会漏了，真是不值。所以，有许多人为什么做好事却没有好报呢？因为他的身、口、意缺口太多，福报功德自然也会漏了！

怎样防漏呢？

第一，要慎言。一句话可以成功，一句话也可以失败。谦虚、感恩，福上加福；如果说话刺伤别人，纵有功德，福报也会漏了。

第二，要慎行。既已做了好事，就应该好好地把握，不可拿石头砸自己的脚。正如自己的物品，不懂得保养，反而加以践踏，当然好的东西也会坏了。

第三，要慎思。既已给别人的好因好缘，就要往好处去想。如果帮助了别人，心中又生懊恼，如此即使身做好事、口说好话、心想好意，但是因为有漏，就如同锅子漏了、碗盘漏了、房子漏了、口袋漏了，你怎么能积聚福报功德呢？

有的人一面赚钱，一面浪费；一面种植，一面践踏。有漏的世间，有漏的众生，保不住功德因缘。世间的功德好事都被我们自己的身、口、意漏了，正如茶杯有了破洞，水就会漏失掉。所以，我们应该要时时刻刻谨言慎行、摄身防意，千万不要让三业把我们的"福报漏了"，这是非常重要的。

人比人

"人比人，气死人"！

人不必和人比！人难十全，各有长短。瞎子何必笑哑巴，哑巴何必笑瘸子，瘸子何必笑瞎子。如果房子失火了，三个人合作起来，不就很安全了吗？

有一个人，骑脚踏车，看到别人骑摩托车，他就生气、自卑，自己也去买了一部马力更大的摩托车。但是，别人又买了小汽车，四个轮胎总比两个轮胎好！他不服气，自己再买一部进口的汽车。不久，别人又买了劳斯莱斯，这时他才慨叹：比来比去，只是增加无限的欲望，对自己毫无益处。

有人居住草屋，看到别人建了瓦房，自己也建瓦房；别人建了高楼，自己也建高楼。房子建多了，住不了，每天还要忙着打扫、清理，因此做了房子的奴隶。

文学家，见了哲学家，有相形见绌的感觉，认为哲学的义理高深，比起文学的文字之美，更有内涵、更为高贵。哲学家，看到现在的科技发达，认为自己只是空谈理论，比不上科学家对现代的文明适用。科学家，每天埋首在实验室里，却一心羡慕着一个乡村的农夫，渴望自己也能过一过那种悠闲自在的生活。

钻石，不要跟石头比大；花草，不要与松树比高；溪流，不要跟海洋争大；平民，不要跟政治人物比权力。因为钻石的精美、花草的芬芳、溪流的奔放、平民的潇洒，都不是大石、高松、海洋、权力所能比的，因为各有所得、各有所失。

人不要比人，她虽然比我美丽，但是"红颜多薄命"；他虽然比我有钱，但是"人为财死"；他的名气虽然比我大，但是"树大招风"，爬得高，跌得也重；他的儿孙比我多、事业比我大，但是他的烦恼也会比我多。

所谓"他人骑马我骑驴，看看眼前我不如。回头一看推车汉，比上不足下有余"。我们不要比世间外相的拥有，我们要比慈悲、比道德、比心量、比人缘，这才值得我们一比。

气质芬芳

　　每一个人，都有外表的长相；每一个人，也都有内在的气质。表现在外的言行举止、人格品德，是笨拙、粗鲁、呆板，是狂妄、傲慢、专横，这些都是不好的气质。但也有的人表现出慈悲的气质、道德的气质、高尚的气质、诚信的气质，这些气质都能像花草一样，散发芬芳的气息，令人着迷。

　　气质的芬芳比外相的美丽更为重要，更能引发别人对他的重视。有的人一篇演说，从他的讲演中，就能表现出智慧巧思的气质，令人崇拜；有的人一篇文章，也能表现他内在的慈悲胸怀，令人向往。

　　有的人用名牌的服饰表现他的高贵，有的人用浓艳的脂粉表现他的雍容，有的人用高雅的谈吐表现他的风度，有的人用内在的修养表现他的气质。

　　刘禹锡的《陋室铭》直陈"斯是陋室，唯吾德馨"，道德就是芬芳的气质。李密的《陈情表》婉言"臣无祖母，无以至今日；祖母无臣，无以终余年"，孝顺就是芬芳的气质。陶渊明的《归去来兮辞》所谓"登东皋以舒啸，临清流而赋诗"，淡泊就是芬芳的气质。苏轼在《放鹤亭记》高唱"子知隐居之乐乎？虽南面之君未可与易也"！超尘就是芬芳的气质。

佛教里，慈藏大师的"屡征不就"，无业禅师的"三诏不赴"，唐代全付的"不受衣号"，五代恒超的"力辞赐紫"，古德不慕荣利、安贫守道的精神就是气质的芬芳。

气质就是内在的涵养。内心庄严美丽，胜过外在的百千装扮。内在美如空谷幽兰，洋溢阵阵芬芳，使人心情愉悦。一个人不必靠华丽的衣着来装饰自己，而必须重视内在的修持，以高贵的气质来涵育自己，以道德修养来庄严自己。

完美的人格、高尚的品德，是从实际生活中锻炼出来的。因此，一个人不一定只是追求外表的漂亮，重要的是要把尊严、性格、气质、风仪、人缘活出来。一个时常心存感恩的人，才能增长品德、变化气质，才能像花朵一样，散发芬芳的气质。

花，是真善美的化身。做人何妨像一朵花，多给人一些欢喜、一些芬芳、一些气质、一些美感，你就是一个气质芬芳的人。

储蓄与防备

　　蜜蜂采蜜，为了防备冬天来临；蚂蚁聚粮，为了储存来年所需。甚至连一只小松鼠，当它获得了一颗花生，得到了一粒小豆子，它也懂得要储藏起来，以防饥饿的到来，这都是有储蓄的好习惯。

　　白天准备手电筒，以待黑夜降临；晴天备妥雨伞，以防阴天下雨。养儿防老，积谷防饥，这都是有情众生懂得储蓄与防备的意义。

　　储蓄与防备，人类最为专长。但是，储蓄并非贪聚。有的人有了一亿，妄想十亿；有了十亿，还想更多。甚至家财万贯，却是"拔一毛而利天下，吾不为也"！这就是悭吝不舍，这就做了金钱的奴隶；如此积蓄，即使钱财再多，也无意义。

　　真正的储蓄与防备，是一种忧患意识，是一种防备心理，是一种预备动作。

　　例如，夜晚关好门户，以防患小偷；白天备妥茶水，以便客人随时上门；各种资料搜集齐全，以备他日应用；车辆随时保有"备胎"，以应不时之需。所以，储蓄防备，就是懂得"未雨绸缪"，就是懂得"九耕三余"之道，这是人人应具有的生活态度。

其实，储蓄也不只是储存金钱和粮食，我们应该储备人才、储存因缘、储藏功德，未来天长地久，终将派得上用场。

所谓"有备无患，无备患无穷"，平时我们还要有防备灾难、防备祸患、防患恶事的心态，以免遭遇无妄之灾。例如，平时不滥砍伐树木，反而植树造林，借着树木储水，以防旱灾。平时不滥垦山坡地，进而做好水土保持，以防雨季来临，大水冲刷，造成土壤流失。

有的人，银行的存款越聚越多，家中的资用越用越好。我们在平时的生活当中，不要只看到物质钱财，不能只是储备物用资粮，应该要储备道德、慈悲，甚至储蓄诚信、知识，这都是立身处世的因缘条件，都是用不完的资本。

世界上，国与国之间，大都讲究国防的战备力多少，经济的储备量多寡，以此订定国家的实力强弱。中国号称地大物博，储藏丰富，然而一般人总是储财重于储德、储用胜于储力；因为储果不储缘、储物不储理、储名不储信，甚至平时没有"居安思危"，没有防患心里的染污、防备心里的烦恼、防止外境的恶因恶缘，一旦灾难来临，所谓"小罅可以溃堤"，人生没有储蓄与防备，岂不危险乎？

暗夜明灯

马路边的路灯，照亮了多少行人，让孤单的夜归人得以安全回家，让许多的宵小无所遁形，不敢为非作歹。所以，"暗夜明灯"是维护世道人心的一线光明，是保护人民安全的无形围墙。

中国古代，一些慈善人士，经常施药、施粥、施茶，尤其在暗路上施一盏路灯，这是给予远方的旅行者最大的帮助。

航海者，因为灯塔的指引，得以知道方向；飞机夜间飞航，也要靠灯光的指引，才能安全降落。佛前的一盏明灯，给迷暗的众生增加了多少力量。

光明的可贵，让我们懂得珍惜阳光、灯光，甚至月光、星光，对我们的人生，都是非常重要的。没有光明，世间一片黑暗，生活有什么意义呢？

其实，比心外的灯光功用更大的是心灵的灯光。心灵的灯光是什么呢？智慧是心灵的灯光、明理是心灵的灯光、慈悲喜舍是心灵的灯光、惭愧知耻是心灵的灯光。心灵的灯光亮了，你不但可以看到世间的万象，你还能和他们建立关系；心灵的灯光亮了，你不但可以看清人我的关系，你还可以建立自他之间更好的因缘。

暗夜的明灯，也不只是指路灯、心灯；一个人、一本书、一所学校、一个道场，都是暗夜明灯啊！

例如，一个人有学问，他就像一盏明灯，学子就会向他集中而来；一个人有道德，他就是一盏圣贤的明灯，求道者自然会慕名而来；一个人有能力，又肯助人，他就像一盏明灯，日久自然会近悦远来；一个有慈悲心的人，他就是一盏明灯，很多人都会心无挂碍地向他投靠。

高山丛林，为什么鸟兽聚集？高山丛林就像是鸟兽的明灯，可以作为它们的依靠；江河海洋，鱼虾总要找一个无污染的水域为家，因为无污染的水域就是鱼虾的明灯，可以获得安全的庇护。

一个人，既然可以像明灯一样，我们自问：我可以做家庭中的明灯吗？我可以成为社区里的明灯吗？我可以点亮社会上的明灯吗？我可以是照亮全人类的明灯吗？只要我们肯点亮自己的心灯，社会必然也会因此而净化。所以，每一个人都可以做照亮社会的一盏明灯！就让我们发愿成为一盏照亮世道人心的"暗夜明灯"吧！

智人节

　　《人间福报》于四月一日创报，当时有人期期以为不可，认为这一天是愚人节！因为《福报》想要打破这一种迷思，所以仍然属意在这一天创报。

　　一年来，我们不断地报道智慧，报道慈悲，报道善美，报道和谐。我们不要愚人节，愚人不够资格有纪念的节日，我们希望把四月一日，从二千零一年开始，改为"智人节"。

　　在世界的民俗当中，为了生活上的调剂，为了气候上的变化，为了文化习惯的造成，所以各地各国都有很多不同的节日。例如，中国的农历有所谓夏至、立秋、寒露、霜降等节气；中国的民间还有端午节、中秋节、清明节、重阳节；道教也有上元节、中元节、三清节；佛教也有佛宝节、法宝节、僧宝节；现在西洋也有了万圣节、开斋节、复活节、圣诞节；乃至中国的社会，有儿童节、母亲节、父亲节、记者节、劳动节、军人节、妇女节、青年节、教师节等。

除此以外，基督教每周还有星期节日。世界上的节日之多，都是由于各种社会的需求，各种社会的文化使然。

节日有什么功用呢？在人们的日常生活之中，日复一日地工作，周而复始地过着同样的日子，假如有一个节日，大家可以利用这一天的时间来聚会、联谊、反省、激励，作为生活的调剂；经过了一个节日的养息，它可以振奋精神，第二天再去从事劳苦的工作，他会觉得这就是生活的意义。

所以，文明的国家节日都是非常之多，他不希望人人每日劳苦工作。透过节日，给予人们获得精神上的放松，更能提升工作的成果和效率。

现在为了周休二日，一些企业界的人士站在经济的立场，期期以为不可。其实，生产财富固然重要，休养生息，敦睦情谊，适当的公休假日，对社会也是一大贡献。

因为今天就是四月一日愚人节，本报将呼吁大众不要再过愚人节，希望从今年开始，人家一起来过《人间福报》的"智人节"吧！

书香社会

现在出版业非常发达,据闻每个月有数千种新书出版上市,可是销路都不是很好,因为民众还没有普遍地养成读书的习惯。

读书,应该像义务教育一样。要提升社会的力量,必须养成人人读书的习惯。义务教育有时候要强制执行,读书也应该要勉强地让它养成习惯。

世界上一些强权的国家,发展武力,向世界挑衅冲击;我们社会出版图书,为了给民众读书,让书声洋溢于世界,书声可以成为发展的动力。过去有书香府第,现在我们要造成书香社会。

我们看古今中外国家的力量,就看他们读书的风气。日本全国上下不但在学校里读书、在家庭里读书,甚至在火车上、电车里都人手一册;你到欧美有些国家,青少年也宁可把买汉堡的钱买一本书来阅读。

中国古代自从文、武、周公、孔子提倡学术、诗书、礼乐，改变了社会的风气。唐诗、宋文、元曲、明清的小说，都为中国社会提倡了文化建国的伟大力量。

我们举看历史上的朝代，从唐宋以后，出版物兴起，清朝时"四书五经"、《四库全书》，以及佛教的多种藏经，尤以大部的《龙藏》，浩浩荡荡涌向民间社会。但是，不知从什么时候起，社会流行着"债多不愁、虱多不痒、书多不读"的习惯，致使我中华民族的气质没有书香来培养，人人粗俗不堪。

当初古老的中国，政府虽然没有到处设立学校，但是民间的书院、私塾，佛教的丛林寺院，都提供了全民读书的环境，青年学子十载寒窗苦读，总希望将来能出人头地，为乡梓服务。

现在开放民间设立学校，当初大学、小学都不准私立，全由官办，这种挫伤读书的元气，致使教育逐渐样板化，连读书都不能尽兴、自由，违反了孔老夫子"有教无类"的教育原则。

所幸，近年来台湾地区的教育部门提倡儿童读书年，"文建会"鼓励各地的读书会，以及由公家倡导的民众阅读、终身学习等，都风行一时，只可惜也只是依样画葫芦，不能确切落实。

现在由佛光山文教基金会、人间文教基金会、国际佛光会、人间福报社等，联合设立的"人间佛光读书会"，以发展遍及世界万千个读书会为目标。现在由香海文化公司、佛光出版社、人间福报社提供教材，期使读书会不断成长，终能普及在社会的各个阶层里，让校园的一角、家庭的客厅、寺院的殿堂、公园的树下，甚至山林水边、咖啡小店、滴水坊等，都能成为读书会的教室，让全体的民众不但有床头书、有车间书，乃至行住坐卧都能人手一册。让书声代替吵声，让书籍代替钞票，让书香洋溢在社会各个阶层及大街小巷里，让我们不仅只是发展经济，更能成为一个书香社会。

要吃早饭

"遇早不食"，这是现代多数人的生活写照。根据统计，在欧洲的许多国家之中，英国有百分之四十的国民不吃早餐，因此连英国政府都出面，鼓励国民要吃早饭。

早饭是一天的序幕，早饭一吃，就会感到有活力、有精神。早饭后一切的家庭伦理、社会关系，就此动员起来，人生的一天就此展开。因此，在一天当中，全家人一起吃早餐，比爸爸回家吃晚饭更为重要。

在佛教里非常鼓励每个人都要吃早饭，强调"粥有十利"，吃粥可以滋益身心、增长气力。其实，也不一定吃粥才有十利，不论是吃牛奶、面包、豆浆、馒头、烧饼、油条，甚至昨日的剩饭剩菜，只要早上能把肚皮填饱，就有各种的利益。

不少对健康营养有研究的人都说："早上要吃好，中午要吃饱，晚上要吃少。"这是饮食保健的三步骤，也是说明早餐的重要。

　　社会上一般不吃早饭的人，所从事的工作性质大都比较特殊。例如忙于采访夜间新闻的记者等，他们早上起不来，所以才把早饭、中饭一起吃。如果一个正常家庭的成员分子，大家也都不早起吃早饭，难道他们也都在过夜生活吗？

　　不仅是人要吃早饭，我们看树上的飞鸟，只要天一亮，除了啼叫以外，就是要吃东西；河里的鱼儿，除了在水里悠游、跳跃，就是要吃东西。即使树木花草，也盼望每天早晨除了朝露以外，都能喝到充足的水分；甚至家中养的猫狗，也希望能吃得愈早愈好。

　　吃早饭能延长工作时间、增加工作效率，所以现在的机关团体里，主管们都乐于和部下共进早餐。美国白宫的历任总统，都以早餐会议加强各部会的工作进度。军队作战，也都注重三更造饭，四更饱餐后出征。吃早饭实在是良好的习惯，尤其每天定时吃早饭，不但生活有次序，肠胃也能在休忙之间得到调剂。不吃早饭，则如车子没有加油，不但无法开动，对引擎也必然会有所损伤。

　　佛教里有五堂功课之说，早晚功课之外，早餐也算是一堂功课。吃早饭不但是滋养色身，也是修心，可见吃早饭的重要。

　　按照一般人生活作息，大都在下午六七点钟吃晚餐，经过晚上的活动及睡眠休息，早餐大都在上午六七点钟才进食。不吃早餐，要等到午餐的时间才有东西给肠胃消化，算下来整整有十八个小时的空腹时间，如此肠胃蠕动的时间不均，容易造成疾病。因此,从今天起,希望大家一起来响应实行吃早饭,必定能获得均衡的调剂,有益身心的健康。

吃早餐的益处多多,既然如此,怎能不吃早饭呢?

无车日

　　一年前，先是法国巴黎提倡星期日不开车运动，因此有很多的部长、官员们，都率先骑自行车。此举主要的目的，就是希望让人民的生活，有一天能够在宁静安闲中度过。

　　没有汽车在街道上奔驰，就好像山林里没有老虎为患一样，没有"市虎"的日子，人民生活安全而自在。

　　今日科学文明，带来生活的方便，固然是人类的一大福祉。但倡导恢复到传统的"无车日"，也能享受人生潇洒自在的生活。因此，现在欧洲的国家，人民莫不希望果真有一天能过个"无车日"，体验一下"结庐在人境，而无车马喧"的悠闲生活。

　　欧洲国家虽然有很多的好战之士，造成历代以来战争连连，但是有更多可爱的欧洲人，他们重视生活品质的提升，为普世创造一个高格调的生存空间，也是非常的可贵。

　　人类当初只靠着一双脚，可以走遍天下，但是总觉得旷日费时，于是就想要有一部自行车。当有了自行车之后，尚不能满足，又想要有摩托车，希望能够不用力气，就可以加快速度。但是有了摩托车以后，他又觉得两个轮子不安全，最好能有四轮的小汽车。当有了四轮的小汽车以后，他又想要拥有国外进口的名牌轿车。当有了名牌的轿车以后，天天又挂念车子被人碰撞、被人偷窃，因此日子就活得不安宁。

　　人类发明车辆，虽然是为了交通便捷，增加办事的快速，同时也是为了满足欲望。然而人类的欲望能有满足的一天吗？当今后车行从时速二十公里、四十公里、六十公里，到一百公里，甚至到一千公里以后，若要环游世界，也需花费许多时日。所以，我们不要靠交通工具的快速来满足生活的需求，应该把自己的心念驾驭纯熟。世界上各大名都，纽约、东京、上海，尽管万千的里程，只要我们心念一动，即刻就可以到达，为什么我们只知追求心外的速度，而忽略了心中更为快速的心灵世界呢？

　　现在世界各国，大都因为车辆增加太快，但是道德的增长不及，所以车辆所造成的祸害也就跟着层出不穷。例如，超速、超载、闯红灯、乱停车等，因为大家不守交通规则，所以每日的车祸不知造成多少人命的伤亡？多少人因此成为轮下冤魂？甚至多少幸福家庭因此支离破碎？

　　所以，一个国家的建设，不能光靠物质欲乐的发展，应该更要重视道德、理智，如此才能驾驭欲望。例如欧洲人现在想要倡导一个"无车日"，世界各国不妨都来向先进的欧洲看齐吧！

生活中的修行

修行，这是人生很重要的一件事情。

衣服破了，要修补一下；家俱坏了，要修理一下；头发乱了，要修整一下；指甲长了，要修剪一下。不管日用、仪容，都需要修理、修补、修饰、修正。乃至锅碗坏了，也要修锅补碗；鞋袜坏了，也要修鞋补袜；人的行为有了偏差过失的时候，更需要修行。

修行，就是修正行为。修行不一定要到深山里去苦思冥想，修行也不一定要眼观鼻、鼻观心的自我独居，甚至修行也不只是诵经、持咒、念佛、参禅。如果天天诵经拜佛，却是满心的贪瞋愚痴、自私执着，不得法的修补，其修行为何？

修行，固然需要；修心，更为重要。行正心不正，有外无内，这就叫做修行不修心，如此不能解决根本问题。修行，也能修心，内外一如，诚于中，形于外，则必能凡事皆办，凡修必成。

不管修行或修心，应该从生活里切实来修。食衣住行、行住坐卧之间，乃至做人处事、交友往来、举心动念、晨昏时空，都可以修行。例如：穿着衣服，庄严整齐固然需要，但是即使破旧损坏，只要清洁淡雅，也无不好，这就是穿衣的修行。饮食三餐，美味可口，人之所欲，所谓粗茶淡饭，也觉得别有滋味，这就是饮食的修行。

居住房屋，深宅大院，固然很好；简陋小屋，也如天堂，这就是居住的修行。出门有汽车代步，快速敏捷；无车无船，也能安步当车，这就是行走的修行。

做事勤劳负责，求全求成；做人诚实正直，求真求圆，这都是修行。凡是交往，情真意切；凡是接物，至诚恳切，这就是生活中的修行。

其他诸如经商的人，将本求利，货真价实，老少无欺；当官的人，为民服务，守信守法，这就是生活中的修行。

过去禅门大德们，搬柴运水、典座行堂、种植山林、牧牛垦荒，甚至米坊筛米、修鞋补衣等，这都是生活中的修行。

所谓修行，就是先要把人做好。做人如果尖酸刻薄、无信无义、无道无德、悭贪吝啬、阴谋算计，心性品德上的缺点不去除，正如碗盘未洗，肮脏垢秽，如此怎么能用来盛装美味的佳肴供人受食呢？

所谓"人成即佛成"！生活中的修行，就是要让自己做人无愧于天理、无负于人道。如此修行，才是真修行也！

无可奈何

　　世间有很多"无可奈何"的事。例如，养了不肖的子孙、交了不好的朋友，或是被人冤枉、受了委屈、给长官欺负，甚至父母无理、恩爱别离、所求不遂、被人倒闭等等，都是"哑吧吃黄莲，有苦说不出"，只有徒叹奈何啊！

　　有的人参加考试，屡试不中，就是想要奋发上进，无奈求学无门；有的人身体不好，经常生病，即使想要有所作为，无奈没有健康。为人子女，不能养家赚钱；为人妻女，不能怀孕生子；甚至天然灾害，人为战争，都叫人有"无可奈何"之叹！

　　有的人为人正派，守礼守法，做人本分，凡事讲理，可是这一个社会偏偏有一些人不讲公理、不讲公道，所谓"秀才遇到兵"，你也只有徒叹奈何！

　　年龄老了，感到生命的短暂，非常无奈；身体病了，连生活都要人帮忙，真是感到无奈！亲戚朋友，一个个离我而去，真是无奈；烦恼妄想，一直无法获得心灵的安稳，只有徒叹奈何！

无奈，无奈！人生何其多的无奈！谈情说爱，最后还是遇人不淑，这不就是无奈吗？一心想要找一个好的工作，偏偏遇到一个不近人情的主管，也只有慨叹无奈！怕热的人，经常受到炎热的煎熬；怕冷的人，必须经常忍受寒冷的侵袭，这不都是无奈吗？

人生本来就有很多的"无可奈何"！人情里的无奈、金钱上的无奈、家庭中的无奈、职业上的无奈、很多压力的无奈，真是无奈何其多啊！从无可奈何里我们想要解脱出来，只要靠自己要能看透人情、要能看破世间，所谓"看得破，有得过"，你又何必让自己陷在"无可奈何"里而伤神！

僧侣所穿的僧鞋，中间有一条鞋梁，把两边缝合起来，鞋面上有象征"六度"的六个孔，这就是要我们照顾脚下，同时也是要我们能够看得透世间的无常，看得透人情的虚幻。

佛教又告诉我们，要随缘才能自在！你有随缘、随遇的认识，又有什么无奈的挂碍呢？

世间没有解决不了的问题，如果能够"无我相、无人相、无众生相、无寿者相，甚至无法相，亦无非法相"，则人生又有什么好无奈的呢？你又何必畏惧什么无可奈何呢？

发掘内心之宝

　　《六祖坛经》说："菩提只向心觅，何劳向外求玄？"我们内心的财富宝藏取之不尽，何必舍弃自心内在的宝藏，而去求取世间一时的财富呢？纵使求得了万贯家财，对自己的生死烦恼，又能有何帮助呢？

　　世界上，各个国家经常为了"能源危机"而征战，导致举世动荡。所谓"能源危机"，就是缺少石油、电力，因此全世界的国家政府，汲汲乎忙着找寻能源，有的到山中探寻，有的到海底发掘，有的人想用废物改造能源，甚至也有人利用吸取太阳的光热，转化为能源。心外的能源固然可以去探勘、求取，但是心内的能源更有待我们加以发掘。

　　孔门七十二贤之一的颜回先生，居陋巷，一瓢饮，一箪食，人不堪其忧，而回也不改其乐，这是因为他找到心内的能源。佛陀十大弟子之一的大迦叶尊者，居住洞窟、水边、树下，宴坐自然，因为他充分享受了心内能源的富有。护法明君阿育王，施

197

仁政于全国，因为他心里有丰富的能源。治世仁王唐太宗，他缔造了"贞观之治"，也是代表他心里的能源充足。

唐朝的大珠慧海参访马祖道一。马祖问："来此何事？"

大珠答："求佛法！"

马祖呵斥道："你自己的宝藏不用，老远来跟我求什么佛法？"

大珠不解，问："我的宝藏在哪里？"

马祖说："现在问我话的'心'，不就是你的宝藏吗？"

所以，只要我们自己觉悟"我是佛"，只要你肯承担"我是佛"，那不就是已经找到宝藏了吗？否则人海茫茫，生死浮沉，没有发掘心里的宝藏，而如赵州八十犹行脚，也只是徒然空费草鞋钱，又何益于自我的生死了悟呢！

佛教不反对人拥有财富、赚取财富，世间的财富对现世的生活当然也非常重要。但是，发掘心里的宝藏，开发心里的能源，更为重要。因此，认识自己、相信自己，甚至肯定众生皆有佛性的人，才是真正拥有财富。你能够发掘人人本具的佛性吗？那么，当下你就是世界上最富有的人了！

放弃成见

常听得人在争执时说：这都是你个人的"成见"！

所谓"成见"，就是定型的看法，就是先入为主的执着；即使是错误的，也不肯更改，这就叫做"成见"。

一件事情，往好处去看，执着成为"成见"，倒也罢了；往坏处想，把好的事情，用"成见"定为坏事，把一个好人用"成见"定为坏人，则是罪不可恕！

"成见"好像茶杯里有了毒素、杂质，即使倒入再清净的水，也不能饮用；"成见"好像田地里的荆棘、杂草，即使播撒再好的种子，也不容易成长。有成见的人，自己不肯承认，因此执着成见，不肯更改成见，更不肯放弃成见。

见，本来是一种意见、见解、见识、见闻，并非不好。但是见解一旦成为"断见"、"常见"、"成见"，甚至成为对"邪见"的执着，那就非常的不应该了。

一件好事，本来是有益于国计民生，但由于他的看法不同，持反对意见，这种成见，所谓"成事不足，败事有余"。一个好人，本来可以委以重任，前途有为，然而因为他的好恶不同，持反对意见，致使人才不得其用，殊为可惜。

人，都喜欢带着有色的眼镜看人、看事，因此看不到真相。例如戴黄色的眼镜，所看到的世界就是黄色的；戴红色的眼镜看人，所睹所见，必然也都是红色的。

因为有成见，因此看不到真相，看不清事实。有成见的人，自以为是，自以为了不起，其实在智者眼中，他只不过是一个幼稚、愚痴的无知小儿。有先入为主的看法，哪怕是错误的，只要能改，也不可怕；如果一再固执"成见"，成为执着之病，那么有见解倒不如无见解还来得好些！

放弃成见，凡事用客观的态度看人、看事，不必预设立场。"是"的，就还给它一个"是"的本来面目；"非"的就还给它一个"非"的真相。唯有放下"成见"，去除我执，才能认清实相，才能拥有真心。

你有"成见"吗? 不妨三思!

不贪为宝

春秋时，宋国有一个人得到一块美玉，献给做官的子罕，子罕坚辞不受。那个人以为子罕不识货，就明白地告诉他说："这是一块宝玉啊！"子罕道："你以玉为宝，而我以不贪为宝。如果我接受了你的美玉，我们都失去了自己的宝贝，不如各守其宝吧！"

世间，有的人以财为宝，有的人以名为宝，有的人以爱为宝，有的人以命为宝。还有一些人，一提到"宝"，就想到珍珠玛瑙、珊瑚琥珀、钻石美玉等。

其实，所谓"宝"，就是一个贪爱、贪执。因为有贪，才需要宝。例如，有的人把儿女当宝；有的人把传家古董当宝；有的人爱书成痴，书就是他的宝；有的人好养宠物，猫狗宠物就是他的宝。更有的人以自己所搜集之物为宝：集邮者，视所集之邮票为宝，收藏书签、名片、饰物、乐器、火柴盒，甚至收藏石头者，一块石头在他看来都是宝。

身外的宝再多，不如心中的一念知足、感恩之心；真正的宝藏就是我们的"心"！心中有人，人就是我们的宝；心中有天地，天地就是我们的宝；心中有道德、有慈悲，慈悲、道德就是我们的宝。就算无钱、无名、无权、无位，有心的人，"无"还是心里的宝。心中有佛、有法、有僧、有真理，心中就有宝。心中无贪、无瞋、无痴、无爱，一切无量无边、无穷无尽，也是宝啊！

汉朝的杨震，当他为官的时候，有个人有求于他，就趁着黑夜送了千两黄金给他。杨震不受，送者说："没有关系，并无人知道啊！"杨震说："天知、地知、你知、我知，怎么可以说没有人知道呢？"

贪心，是永远无法满足的，所谓"买得良田千万顷，又无官职被人欺。七品五品犹嫌小，四品三品仍嫌低。一品当朝为宰相，又羡称王作帝时。心满意足为天子，更望万世无死期"。世间的金钱物质，是有限量的，可是欲望却是无穷的！

有贪欲的人即使金钱上再富有，都是富贵的穷人。唯有"知足常乐"，回归自然的简朴生活，才算富有。所以，贪欲是贪穷，不贪为富，不贪为贵，不贪才是宝啊！

征服自己

军人，都想征服敌人，甚至夫妻之间，丈夫希望征服太太，太太也希望征服丈夫。社会上，工商从业者想要征服竞争者，甚至举世之间，大国想要征服小国，强者想要征服弱者。其实，就算对方真的被我们所征服了，但是我们却无法征服自己。

例如，你有执着，你能征服自己的执着吗？你有私心，你能征服自己的私心吗？你有欲望，你能征服自己的欲望吗？你有烦恼，你能征服自己的烦恼吗？

其实，我们无法征服自己的还有更多。例如，衰老来了，我能征服吗？疾病来了，我能征服吗？死亡来了，我能征服吗？所以，征服别人容易，甚至征服世界也还容易；但是，征服自己可就难如登天了。你可曾见到一般的人能完全征服自己的心吗？

世界上能征服自己的，都是历代的圣贤、仁人君子、忠臣义士。例如佛陀、诸大菩萨、罗汉等，他们能征服自己，所以他们倡导慈悲无我，能够弘法利生。再如甘地、孔子、老子、庄子、耶稣，他们能征服自己，所以他们的思想、精神，都能造福人类。

世间的人，有时候自己一些小小的缺点，自己都不能改进，一些不良的生活习惯，自己也不能去除，他又怎能征服自己呢？所以，一般人家中的室内土地不平，桌椅无法摆正，所谓"一室之不治，何以天下国家为"？

第一个登上圣母峰的新西兰籍希拉瑞爵士，有人问他："在攀登圣母峰的过程中，最大的挑战是什么？"答曰："怎样克服心理障碍，阻止自己放弃尝试的念头。因为我们要征服的，不是山，而是自己。"

世界是征服不了的，别人也是征服不了的；能够把自己征服了，也就能够征服别人，也才能够征服世界。

征服别人，有时候用金钱可以征服别人，有时候用武力可以征服别人，有时候用美色可以征服别人，有时候用人情可以征服别人。但是，我们能以这些来征服别人，别人也能以这些来征服我们。所以，真正能征服别人的是慈悲、是道德、是大公、是感动，别人对你心悦诚服了，也就被你征服了。因此，我们必须先要征服自己，才能征服别人。

终身学习

中国古有"活到老，学到老"之说。直到今日，教育部门才提出"终身学习"的史证，可见做官的人和社会大众的需要，差距和时间都非常遥远。

中国的政治人物，无论什么都以为自己是老大，一切都由政府来包办，所以官僚的体系、思维，仍然弥漫在我们的社会里，凡事总不肯放手给民间来全民动员。终身学习，这也不是政府倡导口号就行了，必须由知识分子领导，造成风气，让全民都感觉到终身学习就如日常吃饭、睡觉一样重要，如此终身学习才能推动得彻底。

偶而在报纸上看到报道，一个主妇在小学和大家一起学习，就大肆宣传，其实这只是个案也！难道全民就只有一人、二人、三人老而好学，如此怎么能和政策相呼应呢？所以就算官方提出终身学习的口号，看得出来，这也是难以推行的啊！

民间许多好话："活到老，学不了"、"三人行，必有我师焉"、"愚者也有一得"。有许多家庭里，父母跟儿女学习英文，吾儿是我的英文老师；婆婆跟媳妇学习料理，媳妇是我的料理老师，可见得学习没有长幼之分。

在佛教里，磐达特是鸠摩罗什小乘佛教的老师，但是后来他又拜鸠摩罗什为大乘佛教的老师；大乘、小乘互为师，成为佛教史上的一段美谈。孔子以项橐为师，因为孔子不耻下问，拜童子项橐为师，故而成其为孔子也！

终身学习不要等行政部门来给我们机会，也不要等社会来给我们安排，我们每个人都应该要订定终身学习的计划。终身学习也不只限于一般的平民百姓，或是读书不多的人，即使是学者、专家、博士、教授，也要制订终身学习的计划。

有一位青年，拿到博士学位后，回家问家长："我已得到博士学位了，以后要做什么？"家长说："学做人！"

学做人！诚哉斯言！孔子说：吾不如老圃，吾不如老农！因为天下之大，知识浩瀚，穷毕生之力，能学到百分之二三，就已经难能可贵了，所以谈到技术、做人、处事，甚至圣贤之学、科技之学、宗教信仰之学，真是所谓"生也有涯，知也无涯"。

语云：真理面前无权威！学海无涯，放下士大夫之心态，在真理的面前勇于做一个学生，才能做好终身学习。

生活的品味

　　人要生活，猪马牛羊也要生活，即使昆虫、动物，都需要生活。但是，生活的品味，各有不同。

　　世间，有的人吃喝玩乐，这就是他的生活品味；有的人追求富贵荣华，作为人生的品味；有的人周旋在人我是非之中，这也是他不同于人的人生品味；更有的人游手好闲、游戏人间。这许多的生活品味，都是不可取的。

　　人的生活，应该要有艺术生活的品味，要有服务人群的品味，也要有休闲运动的生活品味。

　　有的人以游山玩水、莳花植草作为人生的品味；有的人以读书写作、作育英才作为他的生活品味。战国四君子的孟尝君、信陵君等人，以招贤纳士、广纳贤才作为生活的品味。宋代林逋隐居西湖孤山，以种梅养鹤自娱，人称"梅妻鹤子"。唐朝的大梅法常禅师，以草衣木食为生活，他们都树立了隐士高逸的生活品味。

法国作家吉勒特·默梅特在《欧洲风光》上说：一个人最好在卢森堡做事（工资最高），开德国的汽车，到英国去购屋（设备最齐全），住在葡萄牙（气候最好），在法国养老（平均寿命最长），这就是懂得生活的人。

其实，人生不必只追求享乐、富有，人生不要做金钱的奴隶，应该增加生活的情趣、提高生活的品味。

如果你有时间，每天能够抽出半个小时静坐，你会从宁静中找到生活的品味；如果你能偶尔与朋友下个围棋、打个桥牌，或者到滴水坊品茶谈天；或是参观美术馆、博物馆，参加读书会、共修会，吟一首诗、唱一首歌，念个祈愿文、聆听古寺钟声，甚至朝山、做义工，加入环保扫街、医院助人的爱心行列，都可以提升生活的品味。

乃至偶尔与三五好友到郊外游山玩水，也会提升生活的品味。尤其能把自我融入工作或大自然之中，如花朵般给人欢喜，如山水般与人游玩，如桥梁般供人沟通，如树荫般让人乘凉，如甘泉般解人饥渴，能够自我创造生命的价值，这才是我们所应该追求的生活品味。

吃苦当成吃补

人，大多数都喜欢尝甜头，不欢喜吃苦。

其实，人生本味，酸甜苦辣，百味杂陈。有人喜甜，有人爱酸，有人吃苦，有人好辣。一桌佳肴，有酸甜苦辣，能够各食其好，各取所需，皆大欢喜！

酸甜苦辣既是人生本味，如果人生想要创造未来，耕耘前途，发展事业，只能吃甜，不肯吃苦，这就不容易有所作为了！

所谓"吃得苦中苦，方为人上人"；又说："不经一番寒彻骨，哪得梅花扑鼻香。"吃苦，是成功必经的过程，你要想有所成就，就必须埋头苦干、勤劳苦作、寒窗苦读、圣贤苦学。因为苦是人生的增上缘，如果不经过苦读、不经过苦学、不经过苦练、不经过苦磨，是不能成功的。

甚至，不经过风霜苦寒，哪里知道温暖的可贵；不能深切认知人生苦短，哪里懂得精进勤学。所以，吃苦就如吃补；有了今日的辛苦播种，他日自然会有苦尽甘来的甜美果实。

俗语说："不吃苦，就不能做佛祖。"自古的伟人圣贤，哪一个不是从苦难中慢慢奋斗成功的？佛陀的六年苦行；达摩的九年苦苦面壁；王宝钏经过十八年苦守寒窑，才能为人记忆；苏秦悬梁刺股，苦学有成，才能为人所称道；孙中山一生的辛苦，半生的奔走，才能创造民国；王冕穷困中不忘苦学，才能成功。少林寺僧不经过苦练，哪里能成功？所以，苦是人生的增上缘。

佛教并不提倡吃苦，即以修行而言，认为乐行太过热烘烘，苦行太过冷冰冰，所以在苦乐之间，佛教倡导中道。当乐的时候应该要节制，不能乐极生悲；当苦的时候，应该要面对苦难，百折不挠，冲过苦关，前途自然"柳暗花明又一村"。

一个人的成就，常常都是从血汗、辛苦、委屈、忍耐、受苦中，点滴累积而成。正如松柏必须受得了霜寒，才能长青；寒梅必须经得起冰雪，才能吐露芬芳！

"伟大"，是多少辛苦和努力换来的赞美词，所以，吃苦就是吃补，诚信然也！

山水生活

　　远山含笑,山会笑吗? 流水无情,流水真的无情吗?

　　山是会笑的! 你看,山色蓊郁,山岚霭霭,所谓"青青翠竹,无非般若。郁郁黄花,皆是妙谛"。

　　水是有情的! 你看,涓涓细流,清澈源泉,所谓"溪声尽是广长舌,流水都是说法声"。

　　山林中,你看! 飞禽啼叫,野兽奔走,好一片逍遥自在的自然世界。山,不自得含笑,何能称山呢? 当然,地震后的山峦,树木土壤受了摧残,它也有流泪的时候! 但是,不用多时,群山又会披上青翠的鲜绿衣裳,向你颔首微笑,对你展开双臂,欢迎你进入它的怀抱。

　　水是有情的! 你看,开一条渠道,水就向你流来;给它一条通路,水就会顺势疏导。水,给你饮用、给你滋润、给你洗涤、给你生长,怎可说流水无情呢?

　　"仁者乐山,智者乐水",山和水自古即成为圣贤仁者重要的朋友。我们的修养，也应该要有如山的稳重、如山的包容、如山的崇高、如山的坚忍；我们的美德，更要有如水的流通、如水的清澄、如水的深邃、如水的广阔。

山的美妙，在四时不同。所谓春山淡雅、夏山苍翠、秋山明净、冬山如睡，四时之山，也如同人之一生，有浓淡、有动静、有荣枯。

水的流动，也富含人生哲理。水有涟漪、有波涛、有奔放，正如人生的际遇，有高低、有得失、有起伏，就看你如何任运挥洒！

佛教与山水有非常密切的关系。"自古名山僧占多"，古刹丛林大都建在深山高林之上，禅者大都习禅于水边洞窟，既是乐山，又是好水，真是好山好水度人生。

山水是天地间大自然的宝藏，依空法师曾以山水诗获得高雄师范大学博士的学位。今日的青年学子、修行学道的人，心灵中能有山水、生活里能有山水、人情里能有山水，依山傍水的人生，必定能惬意安然，美不胜收！

远山不但含笑，远山还可以作为我们的依靠！流水不是无情，流水都在对我们说法。我们需要山水生活，好山好水也需要我们的保护喔！

附录：
星云大师佛学著作

中文繁体版

《释迦牟尼佛传》

《十大弟子传》

《玉琳国师》

《无声息的歌唱》

《海天游踪》

《佛光菜根谭》

《佛光祈愿文》

《合掌人生》

《星云法语》

《星云说偈》

《星云禅话》

《觉世论丛》

《金刚经讲话》

《六祖坛经讲话》

《八大人觉经十讲》

《观世音菩萨普门品讲话》

《人间佛教论文集》

《人间佛教语录》

《人间佛教序文书信选》

《人间佛教当代问题座谈会》

《当代人心思潮》

《人间佛教戒定慧》

《迷悟之间》（全十二册）

《人间佛教系列》（全十册）

《佛光教科书》（全十二册）

《佛教丛书》（全十册）

《往事百语》（全六册）

《星云日记》（全四十四册）

中文简体版

《迷悟之间》（全十二册）

《释迦牟尼佛传》

《在入世与出世之间——星云大师佛教文集》

《宽心》

《舍得》

《举重若轻·星云大师谈人生》

《风轻云淡·星云大师谈禅净》

《心领神悟·星云大师谈佛学》

《不如归去》

《低调才好》

《一点就好》

《快不得》

《人生的阶梯》

《舍得的艺术》

《宽容的价值》

《苹果上的肖像》

《学历与学力》

《一是多少》

《三八二十三》

《未来的男女》

《爱语的力量》

《修剪生命的荒芜》

《留一只眼睛看自己》

《定不在境》

《禅师的米粒》

《点亮心灯的善缘》

《如何安住身心》

《另类的财富》

《人间佛教书系》(全八册)

《佛陀真言——星云大师谈当代问题》(全三册)

《金刚经讲话》

《六祖坛经讲话》

《星云大师谈幸福》

《星云大师谈智慧》

《星云大师谈读书》

《星云大师谈处世》

《往事百语》(全三册)

《佛学教科书》

《星云法语》

《星云说偈》

《星云禅话》

《包容的智慧》

《佛光菜根谭》